125遊戲，提升孩子專注力系列

每天10分鐘 陪孩子玩出**高階專注力** 學習更有效率

125遊戲，提升孩子專注力❶ 暢銷修訂版

❶

臺安醫院身心心智科暨
景美醫院精神科主任 **許正典**
高雄市立成功特殊教育學校
臨床心理師 **林希陶**
◎合著

適玩年齡
5～7歲

新手父母

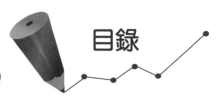

125 遊戲 提升孩子專注力系列❶

給家長的話 怎麼陪孩子玩？

在繁複的路徑中怎麼找到唯一出路？遇到死路時又必需回到上一個叉路重新找新路，有助孩子持續注意力的養成。

怎麼玩迷宮遊戲？

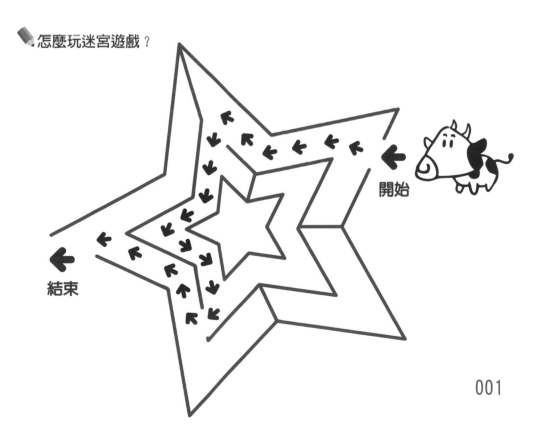

給家長的話 ✎ 怎麼陪孩子玩？

從1開始接續找尋下個數字，直到找到最後一個數字為止。

✎ 怎麼玩連連看遊戲？

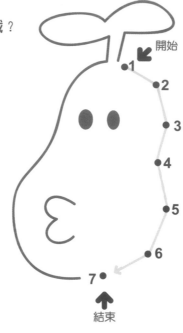

開始

1
2
3
4
5
6
7

結束

給家長的話 ✎ 怎麼陪孩子玩？

孩子必需先學會注意看對應的數字與顏色，接著再逐一上色，需要十足的耐心，及衝動控制的能力。

✎ 怎麼玩數字著色遊戲？

1-黑色　**2**-灰色

給家長的話 🖊 怎麼陪孩子玩？

除了學習細心的辨識不同的注音符號及圖示，並注意圖示細節，注意不同的圖示所代表的其實是不同的注音符號，並將所找到的符號，逐一填進空格中。

🖊 怎麼玩密碼破解遊戲？

ㄨㄛ、ㄨㄛ、ㄗㄡˇ

ㄗ ㄛ ㄟ ㄠ ㄡ ㄢ ㄣ ㄥ ㄐ ㄧ ㄨ ㄩ

給家長的話 🖊 怎麼陪孩子玩？

小孩選定一個單字之後，必須先從字首開始，在限定的範圍中，先找出此字母，接著再看此字母的周圍是否有可接續的字，逐一搜尋之下，才能將完整的單字找出來。

🖊 怎麼玩找躲藏的字遊戲？

L R I C C Z P
R O S B A A P
E Y V N N O M
A H E E D K I
T J C Y Y A D
U K V O E V R

CANDY LOVE DAY

這是以紙筆遊戲來 訓練孩子專注力的好書

　　身為兒童臨床心理學界的一員，常常需面對並處理各種發展疾患兒童的問題。注意力缺失過動症（俗稱過動兒），就是臨床上相當常見的一類兒童發展疾患。這類孩子大部分在學齡前期已出現問題，他們往往非常聰明、可愛，但由於常不專心、坐不住、衝動等問題，因此大多數的人際關係都不好，課業也受到影響。麻煩的是許多老師往往認為他們不聽話、不乖，而忽略了他們需要幫助的本質。

　　臨床上對這類孩子的處理方式在學齡前主要以行為介入為主，學齡後大多會以藥物治療來協助。許多非藥物的介入方式，如家長訓練、孩子的行為與認知介入，都會帶來很好的成效。而注意力方面的訓練，在近年來也受到關注。

　　什麼是注意力？心理學界的老祖師爺William James在1890年時就告訴過我們：「注意力的本質是意識的聚焦與集中」這意味著我們可以將對某些事情的焦聚先抽離開，轉而用在其他方面，使我們更有效率專注在當下關心的事物上。這個概念用在當今的注意力議題，可一點也不老舊。

　　當代心理學的注意力理論中，以訊息處理的取向認為注意力是一系列選擇控制的過程，從感官選擇、注意力的容量、到反應的選擇與控制，這個過程還需要持續注意力作調控才能運作得宜。過動兒的專注力問題正是在整個注意選擇控制的過程，出現不同程度的缺失所導致。這麼文謅謅的學術用語要怎麼轉換成訓練這些兒童的專注力課程？

　　林希陶臨床心理師與許正典醫師的這本專注力遊戲書，正是以孩子非常有興趣的紙筆遊戲方式來達到這樣的目的。希陶心理師是台大心理所碩士畢業的高材生，這些年投入臨床工作，對過動兒的臨床介入有深入的想法，他參考過去國外的相關專注力訓練課程後，發展了適合6歲以上兒童可以練習的專注力遊戲書。這份工作展現了一種結合理論與實務工作的創意，期待他能繼續開發，以幫助更多處於此種發展缺失中的孩子，也嘉惠需要協助這些孩子的家長及相關專業人員，故樂為之序。

國立政治大學心理學副教授兼系主任　姜忠信

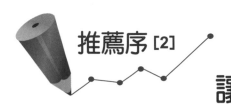

推薦序【2】

讓小孩大人都愛不釋手的兒童專注力訓練好書！

　　打從60年前嬰兒潮世代開始以來，讓寶貝孩子「贏在人生的起跑點」成為千禧世代父母親養兒育女的最高指導宗旨！坊間市面上也充斥著各式各樣針對嬰幼兒甚至是胎兒零歲兒童的潛能開發課程及成長訓練機構書籍，看似全方位培養寶貝心智成長其實內容潛藏知能隱憂及療育風險。

　　其實除了生天疾病的孩子以外，一般兒童成長在父母照顧者悉心陪伴下都可順利依循大自然的時間發展歷程，一步一腳印地慢慢邁入成熟。不論是兒童的肢體動作、認知功能及最為家長重視的注意力能力都是如此！

　　近年來，注意力（ATTENTION）會受到家長及教育界重視的原因，可能與專注力成就有恆是成功的學習之本吧！容易集中精神學習的孩子，就是腦中像是裝了AI處理器加速而穩定，學習效果必然是事半功倍的。而我們所謂的「注意力」，指的是針對被指定的事情持續關注並學習執行的能力。

　　當然，影響注意力的因素很多──孩子本身固有的個性特質、後天學習的資源環境，及學習內容的趣味心情等，都是影響注意力的眾多因素。注意力雖然是與生俱來的能力，但是後天的培養及訓練，還是可以讓孩子這方面的能力更為提升。

　　訓練專注力最好是利用教具，目前市面上充斥專注力訓練的工具書，但是極少是完整涵蓋學齡前後（4～12歲）的兒童心智培養學習。許正典醫師及他的團隊以他們卓越的專業知識及多年豐富的臨床經驗，推陳出新再版了這套令人引頸期盼的好書！而這套書最成功之處，就是將看似複雜的兒童學習方式透過精神醫療專業心理美學設計變得簡潔而極具吸引力和趣味性，書中的圖片生動活潑、訓練技巧包含專注持續調整力、精細動作執行力及手眼協調統合力等相關能力。

　　這本書適合所有教養父母在家中與寶貝們一起學習；玩畫塗鴉書寫的過程中，可以增強孩子對圖形符號的興趣和敏感度。這樣用心策畫用力著作，這一套6冊的正典好書就值得大力推薦我們家長小孩一起頭好壯壯邁向高階專注力！

臺灣專注力研究學會理事長、馬偕綜合醫院資深心智科主治醫師 臧汝芬

玩得開心更能專心

　　從事醫療工作已超過四十年，常在自己熟悉的領域中發現，不少患有消化系統毛病的大小患者，多半還抱怨個人有不同嚴重程度的注意力不集中困擾。有些人是因為內外的壓力大而造成無法放鬆、玩不起來，進而演變成身心狀況的不適；另外則是生活不規律而產生失序、脫序，亂玩一通而導致自律神經的失調。在診治過程中我會教導患者重新注意自我生命和生活的平衡，在透過適當的放鬆情緒和思緒來輔助藥物療效，往往都能有明顯的身心改善，玩得比以前更開心，也能專心工作享受生命。

　　所以從小能培養專注的好習慣，是往後成人學會忍受、挫折、擇善固執並堅持成功的重要關鍵。尤其「兒童是國家未來的主人翁」的使命驅使，傳統的疾病醫療也轉成積極的健康促進，能夠及早協助孩童的發展，特別是好好的訓練專注力，對於未來的學習動機和認知功能都有重要而直接的影響。

　　從臺安醫院小兒心智科和早期療育門診都發現，兒童注意力失調（注意力缺失或過動）的求診人數不斷攀升，家長因無力教養或憂鬱焦慮而求診精神科也逐年升高。如何在症狀初期即有效改善，甚至協助孩子和父母重新架構注意力系統，成為心智科醫師和兒童心理師需要一起努力的重要議題。

　　本院秉持「神愛世人」澤及其子的醫療使命，在2000年成立「兒童心智發展復健中心」，結合小兒心智、小兒復健及小兒神經三大發展專科醫療，再加上兒童心理、職能、物理和語言等各領域治療師，為眾多注意力失調所困擾的小孩提供策略及系統的解決和改善症狀，也深獲家長和老師的肯定和好評。

這本遊戲書乍看之下好像只是很多的圖案和畫畫，但在本院許正典醫師和前本院林希陶臨床心理師的巧思妙手下，運用「神經可塑性」的發展理論，設計出一系列由淺至深，至易而難的注意力訓練遊戲，不僅在臨床個案的應用成效良好，更可改善和增強一般兒童的持續性注意力。尤其是書中特別強調家長（或陪伴者）的參與，在一起玩本書時給予適當的鼓勵和激勵，才是孩子玩得開心、玩出專心的最大動力，讓我真心推薦給您和孩子，在玩本書的過程中體會專注的快樂！

財團法人臺安醫院院長 黃暉庭

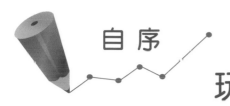

玩遊戲，學專心

　　臨床醫療教小孩及大人（家長）如何專心似乎已經是專家本能，但真正要專心下來好好寫個一篇深入淺出、童叟皆宜的「導讀文序」可真是「千頭萬緒」，原來振筆著作的「文字遊戲」可能是人類文明發展的最高心智專注訓練。想想老祖宗（如山頂洞人）在千萬年前為了在地球生存，非得殫精竭慮、專注心力對付長毛象等大型動物的威脅，接著在農業社會時代，又需時時注意節氣變化和水土變遷，以免農作稻物遭天災蝗害得閒，待人為疏失一釀而成千古恨的災禍。即便是21世紀高度科技文明主宰的人類活動，更是充斥你我周遭的「pay attention」，惟有「近乎苛求」的「專注完美」，才是達到眾所認知「成功」的惟一途徑！

　　所以這個「專注」年代的小孩有些令人同情，沒有進化到雙核心甚至四核心處理器的大腦效能，卻要面臨日新月異、不斷推陳出新的爆炸知識考驗和磨練。想當年沒有電視電動電腦的純樸時光，專心作好學生的本分只要專心讀好書本的內容，專心作好交代的作業，得到家長和老師的稱讚似乎不太困難。

　　但現在白天有學校教室的創意教學和多元課業，晚上（下午）有安親補習的加強練習和完整輔導，又得抵抗「三電」的持續刺激和誘惑，不管是學齡前後的孩子要想不專心多半「心有餘力不足」，再加上生存環境的日益惡化（如重金屬污染，染劑和藥劑的濫用等），先天專注力神經系統就未能得到良好培育發展，後天又未能適時且持續提供「去蕪存菁」的專注力訓練情境和環境，難怪注意力失調症（即注意力缺失／過動症）盛行率逐年攀升；民國95年臺大醫院高淑芬醫師所作臺灣兒童注意力失調症比率達7.5%，但實際有部分症狀或問題困擾可能是2至3倍之多，影響家庭親子互動和師生人際關係更值得重視。

　　注意力失調到只有「三電」才能吸引注意力時，那可能是嚴重到需用藥物治療才能改善症狀和解決問題；如果在注意力有部分失調或不知如何協助調整時，是否能有非藥物或早於藥物處理的因應策略？在思考該怎樣輔助和強化小孩個別注意力神經生理心理發展，又不致於造成刺激源過多而致學習分散或過度集中單一刺激源造成焦慮強迫症狀產生，我很幸福和臺安醫院兒童心理師團隊一起努力找尋並製作注意力訓練教材和課程。

在經過這幾年反覆實證醫療的施測和評估，發現兒童遊戲自有一套「由簡至繁，從易而難」的注意力成長成熟的軌跡脈絡；從嬰兒的視動學搜尋和手眼協調訓練（如翻身、坐爬、行走、表情等），到幼兒對玩具物體的觸摸拆解和親子間的比手畫腳，直到運筆塗鴉、畫線畫圖的二維空間平面運用，正好演繹注意力發展的系列表現（選取、專注、持續和轉移這四個面象），所以針對可用手指或直接握筆的小孩，設計五種類別的專注力遊戲訓練圖本，教導他們如何在純粹繪本書本的視覺刺激中去逐步建立自我專注力系統，同時更進一步邀請家長（或照顧者）加入遊戲，和孩子穩定培養健康的情緒和良性的互動，在正向積極的情感滋養，和樂觀進取的挫折忍受，學會注意力靈活運用的幸福回饋。

從「七十而隨心所欲不踰矩」的至聖名言，就可了解人一生都在專注於專注力的掌控；但現代父母和老師可能無法忍受到七十才達到此一境界，總希望孩子七歲甚至更早就能「知所進退，動靜皆宜」，而非該注意的不注意，不須注意的卻比誰都專心的矛盾窘境。且讓我修一用語「若要孩子專心，除非父母莫為」，那「父母莫為」是什麼呢？少沉溺於電視網路、電動，不要多流連於花花世界和不健康嗜好，更不要以為成天打拚工作努力賺錢孩子就會感激涕泣專注回報。

其實我們的寶貝要的是「爸爸媽媽，我們一起來玩嘛！」從良好親子行為回饋正面穩定情緒進而塑造積極專注思緒，能夠在遊戲中歡笑裡成長茁壯，不就是培養專注力「潛移默化」的最高境界呀？

臺安醫院身心心智科暨景美醫院精神科主任 許正典

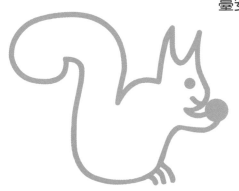

玩遊戲，改善孩童專注力

在臨床服務的過程中，家長們常常會詢問到底何時才需要對於注意力缺失進行再進一步之關注及治療。若小孩從很小就有注意力不足之狀況，這更是家長們最爲在意及擔心之問題。

觀察兒童之注意力狀態成熟與否，最重要、最優先的指標是兒童發展的情形。一般而言，注意力的發展與生理年齡有密切相關，大約五歲到六歲的小孩才能適切地關注周遭環境的變化，大約七歲的小孩才能發展並建立較爲良好的集中式注意力（focus attention）。因爲孩童的腦部是一直不斷地在生長發育的，太早就進行注意力之訓練是徒勞無功的，尋求短時間之內就突飛猛進是不切實際的。過度且不適當訓練，只會揠苗助長，甚至衍伸出過多、不適當的生理及情緒反應。

本系列書籍是秉持此一概念進行相關設計及規劃，考量兒童的年齡，由簡至繁，由易至難。每天在家長的陪伴之下，進行合適的練習。家長及老師們可以協助小孩，將遊戲中所學習到的技巧，如抑制自己不合宜的衝動反應、系統性的做計畫、遵守指導與規範等等，應用到日常生活。如此，孩童才能有效的使用注意力，進而協調、指揮其他認知能力。

本系列書籍自出版以來，受到家長們熱烈迴響，至今銷量已突破萬本。讀者們也不吝於給予許多指教與建議，在此增訂版中，我們也採納了部分建言，擷長補短，期望此書能對於有需要的家長及小孩們，提供實質協助。

臨床心理師 林希陶

如何使用這本遊戲書

　　注意力是所有認知能力的基礎，一個具有良好注意力的兒童，才能擁有更為高階的能力，如學習、記憶、計畫能力、空間能力、語文能力等等。

　　有注意力缺失的兒童，經常會表現出粗心、忘東忘西、思慮不周、缺乏計畫、無法等待、無法注意細節、排斥學校作業等，有的兒童合併有說話過多、大聲喧嘩、無法安靜端坐、到處跑來跑去、沒有思考就行動等過動、易衝動的行為。從過去的文獻可知，注意力缺失可運用心理學的方法，以行為訓練的方式來加以增進。

用對方法，孩子自然專心

　　「神經可塑性」是近來神經科學的重大突破。目前研究顯示，神經細胞不只可以重新生長，也可以產生新的連結。只要運用適當的方法，我們是可以透過適當訓練增進大腦的認知能力，當然其中也包含注意力。

　　本系列遊戲書以注意力理論為基礎，主要設計的理念都放在集中式注意力（focus attention），也就是對於該做的反應給予正確的反應；對於不該做的反應，則不給任何反應。

　　由此概念為出發點，設計出一連串注意看、注意聽、注意細節的遊戲，以增強兒童的持續性注意力。這些遊戲不只適用於臨床個案，也適用於一般注意力稍有不足之小孩，以增進孩童的注意力持續度。

5到10歲以上孩子都適玩

　　本系列遊戲書共分為六本，依遊戲的難易度來區分，其目標年齡分為5到7歲、8到10歲、10歲以上的兒童。

本目標年齡並非絕對，若孩子能力許可且有相當興趣的話，可在父母陪伴之下，持續提供這些遊戲。若小孩在遊戲之中注意力能改善的話，所訓練的能力才能進一步應用至日常生活中，兒童的衝動行為也會因而逐漸減少。

所有的遊戲皆已實際應用於臨床工作上，也確認可協助注意力不足之孩童。但需要請您注意的是，一般的兒童約三到六個月的時間，注意力才會有改善，每個小孩改善的幅度也不一樣。在兒童練習的過程中，可先從每日十分鐘開始，再逐步拉長時間，至多以每日三十分鐘為度。

鼓勵與陪伴，才是重點

需要提醒您的是，您需陪伴您的孩子進行這些遊戲，並適時地給予鼓勵，您的陪伴與溫暖是孩子進步最大的動力。在小孩每次完成作業後，皆需鼓勵兒童的表現，可用簡單的食物、玩具或小孩認為有所回饋的物品。如此之下，才能日起有功。

黑白，更容易專心

這本遊戲書裡的遊戲採黑白印刷，設計一系列對比分明的黑白圖案，目的是為了讓孩子更專注於找答案，而不因複雜的顏色而分心！

[遊戲1]
25個迷宮遊戲

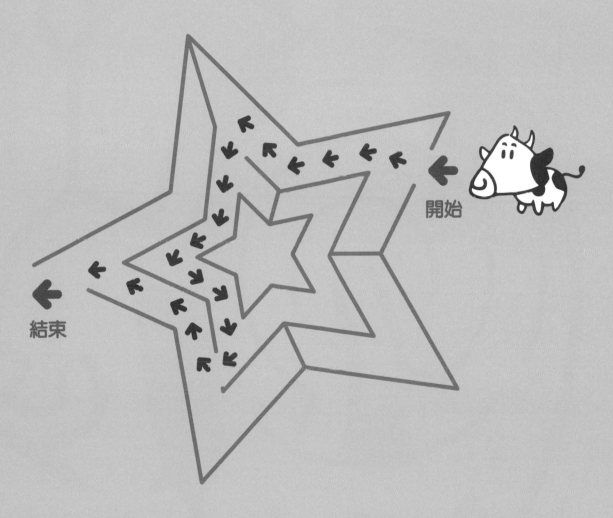

開始

結束

　　「迷宮」是兒童最常接觸的遊戲之一。迷宮的玩法，是在繁雜的路徑中，找到唯一的出路。小孩必須持續運用自己的注意力，在限定的區域來回搜尋、嘗試，才能一步步往對的方向移動。若小孩遇到死路，必須提醒孩子回到上一個叉路，停下來想一想，再開始重新找尋另一條新路。

　　若小孩的注意力可以持續，就可運用本身的能力找到一條合適的路線，進而抵達終點。

來玩溜滑梯

由這兒開始

結束

遊戲小叮嚀……
　　小牛的背好寬喔，小朋友你可以試試從牠的背
上爬下來。

小牛大嘴迷宮

遊戲小叮嚀……

　　有沒有勇氣，通過小牛的大嘴迷宮啊！小朋友快來冒險一下。

偷藏蘋果

遊戲小叮嚀……·
小牛的大嘴裡藏了一顆蘋果，你有看到蘋果嗎？

好吃的草莓

遊戲小叮嚀………
　小牛好想吃草莓喔！不知道哪裡有好吃的草莓？

迷宮

出去探險

遊戲小叮嚀……⋯⋯

　小牛機器人要出去探險了，請你先帶牠走出迷宮吧！

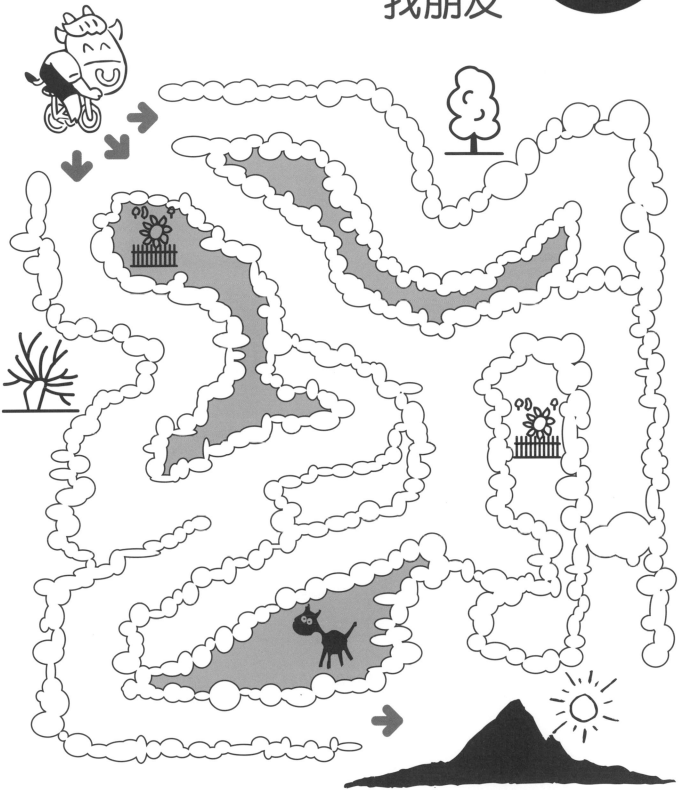

遊戲小叮嚀‥‥‥‥

　　小牛要騎腳踏車去找住在另一座山的朋友，請你帶牠去找朋友吧！

賽車大賽

 遊戲小叮嚀………
　　小牛要比賽賽車了,小朋友快帶小牛成功開到終點吧!

小牛該起床囉！

遊戲小叮嚀………
　小牛上學快遲到了，快帶著鬧鐘去把小牛叫起來吧！

迷宮
雙胞胎姐弟

遊戲小叮嚀……
牛弟弟有一個雙胞胎姐姐，你有看見牠嗎？

好香的蘋果

遊戲小叮嚀………
　　小牛聞到蘋果的香味了，牠知道附近一定有一
顆蘋果。

練習開車

遊戲小叮嚀……．．
　小牛要去參加賽車比賽，先練習看看能不能順利開出迷宮。

鱷魚生氣了

遊戲小叮嚀……
鱷魚等小牛來找牠，等太久都沒看到人，鱷魚快要生氣了。

美麗的花園

遊戲小叮嚀……
　聽說附近有一座很漂亮的花園，小牛真想去看看，你可以帶小牛去嗎？

天氣真是熱啊！

遊戲小叮嚀……..
　　太陽好大，小牛好熱喔，你可不可以幫牠找一
頂帽子來遮太陽。

15 迷宮

小牛要出去玩

戲小叮嚀……

　小牛要去山上玩，有兩條路可以選擇，小朋友快帶小牛到山上去玩囉！

16

上學時間到

遊戲小叮嚀………

　牛弟弟要去上學了，可是牠找不到課本，小朋友你知道課本在哪裡嗎？

迷宮

快樂牛兄弟

遊戲小叮嚀………
　牛哥哥載著牛弟弟要回家了，你知道牠們會騎
哪條路回家嗎？

迷糊牛哥哥

18

遊戲小叮嚀………

迷糊的牛哥哥，忘了牠的腳踏車停在哪裡了，
小朋友帶牠去找車子吧。

19 迷宮

一起看電影

遊戲小叮嚀……．…

　牛帥哥要去找牛小姐去看電影，不知道牛小姐
想不想去啊？

衣服在哪裡？

遊戲小叮嚀………
　哎呀！小牛的衣服不見了，再不趕快找衣服穿起來，會感冒喔！

迷宮

好想吃漢堡

咕嚕~咕嚕~~

遊戲小叮嚀‧‧‧‧‧‧

小牛肚子好餓，哪裡有好吃的食物呢？

生日快樂

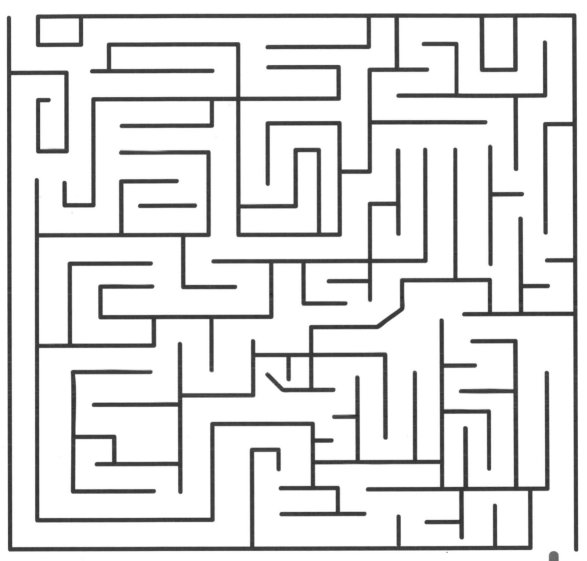

遊戲小叮嚀………
　今天是小牛生日，有人送牠蛋糕還有禮物，
你趕快帶牠去拿吧！

23

師傅，您好！

遊戲小叮嚀………
　小牛要去拜見師傅，可是，牠不知道師傅到底在哪裡等牠。

好想回家喔！

遊戲小叮嚀……
　小牛弟弟好想回家喔！可是牠迷路了，忘了該
怎麼回家了。

037

聖誕禮物

遊戲小叮嚀………

聖誕節快到了，聖誕樹下還差禮物沒放好，小
朋友快把禮物送到樹下吧！

[遊戲2]
25個連連看遊戲

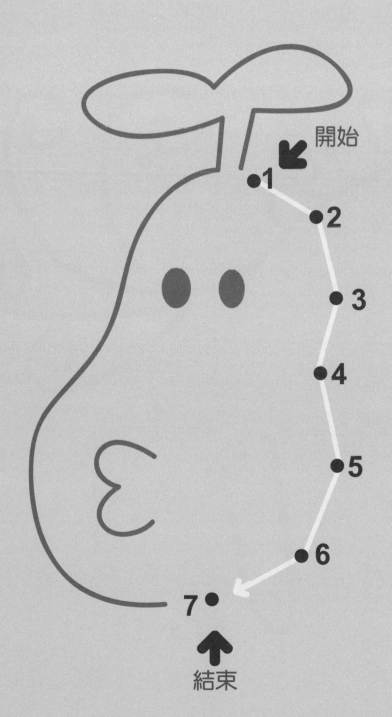

開始

● 1
● 2
● 3
● 4
● 5
● 6
7 ●

結束

「連連看」的基本設計是小孩必須先瞭解數字的順序，從1開始，接續找尋下一個數字，直到最後一個數字被找出為止。

若兒童注意力不集中，可能忘記接續的數字，也可能找不到下一個號碼位於何處。這時可以提醒孩子，回到上一個數字，停下來想一想，找尋一下附近是否有下一個數字。

若孩子可以持續運用注意力，就會知道1找完要找2，2找完之後要找3，一個接一個，直到結束為止。

連連看

☆ 起點

★ 終點

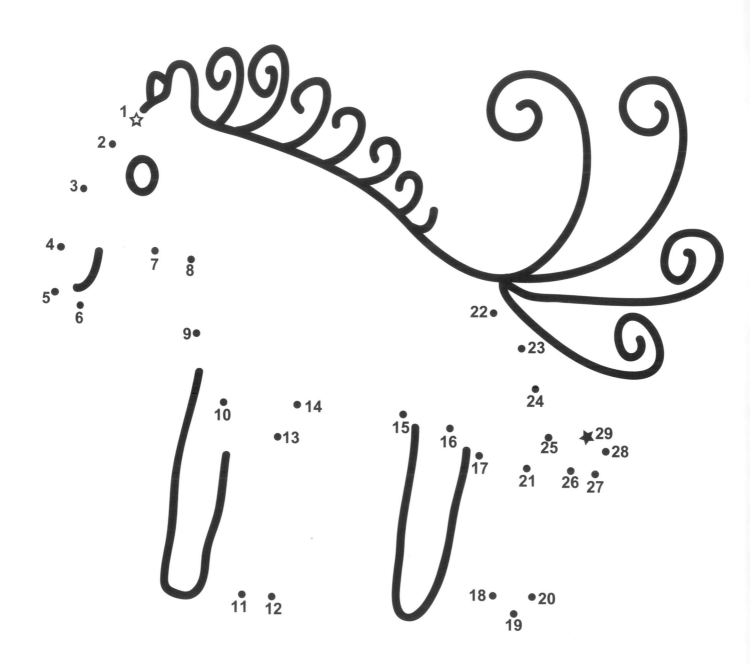

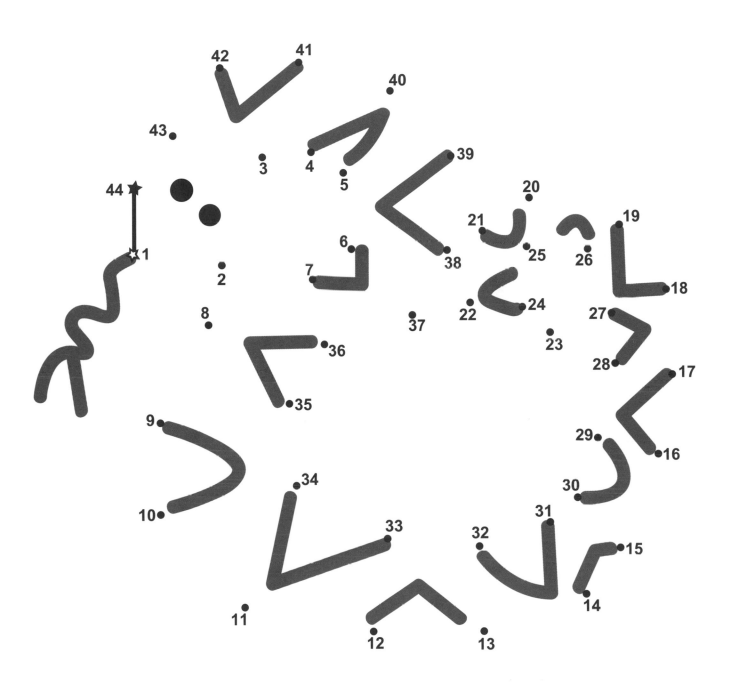

遊戲小叮嚀⋯⋯⋯
有些人看到這個動物都會覺得有點害怕。
你知道牠是什麼動物嗎？

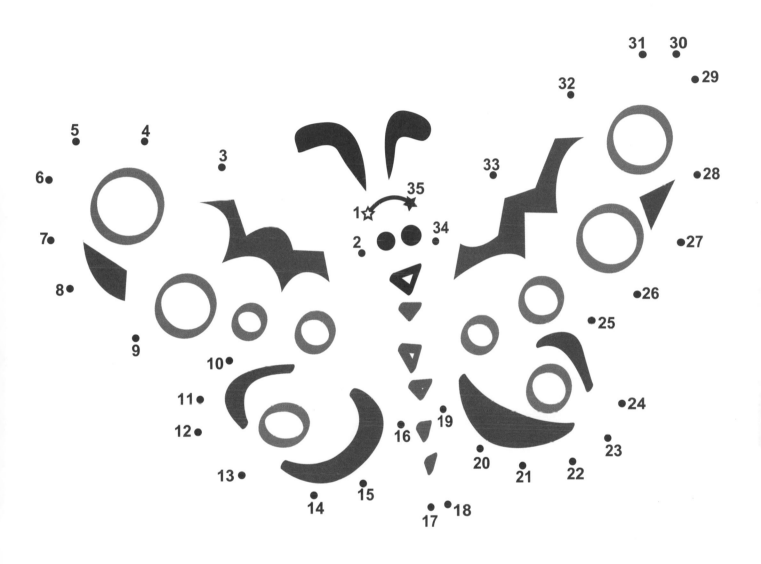

專注力小提醒‥‥‥‥
　　當孩子進行一項遊戲時，爸爸媽媽不要因為其他的事突然打斷他，最好等遊戲告一段落再請孩子做其他的事情。

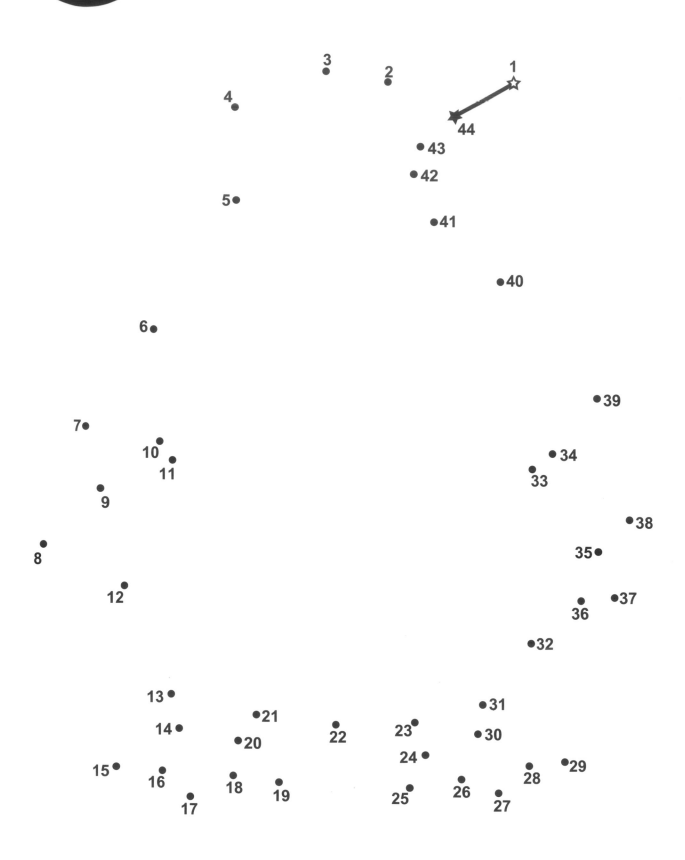

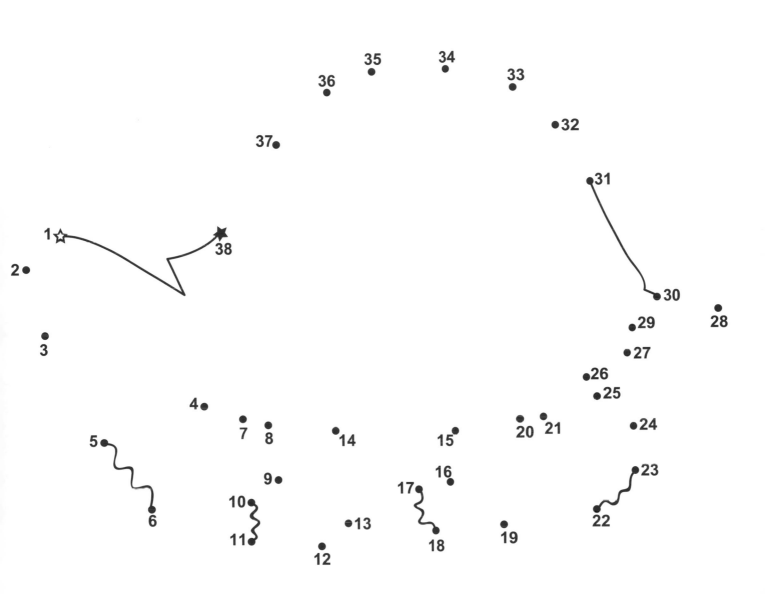

遊戲小叮嚀………
　小朋友最好是先用鉛筆來畫連連看，這樣畫錯了，才比較好做修改喔！

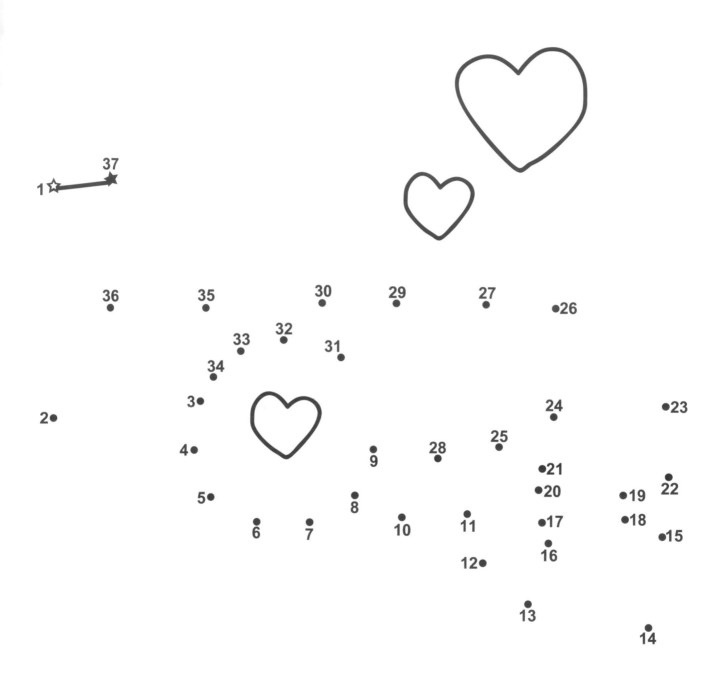

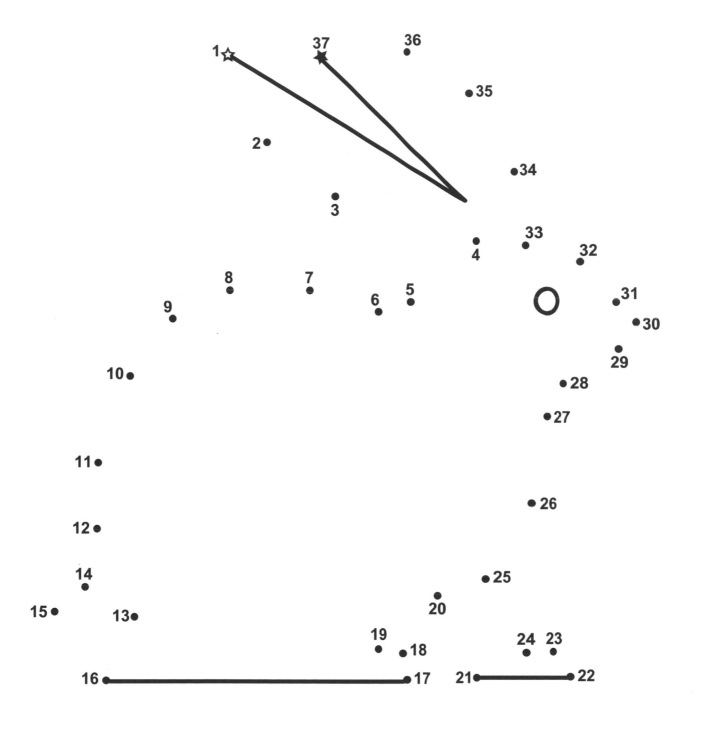

遊戲小叮嚀………
牠有一雙紅眼睛。建議小朋友畫得時候可以把線條畫得彎彎的，會更可愛。

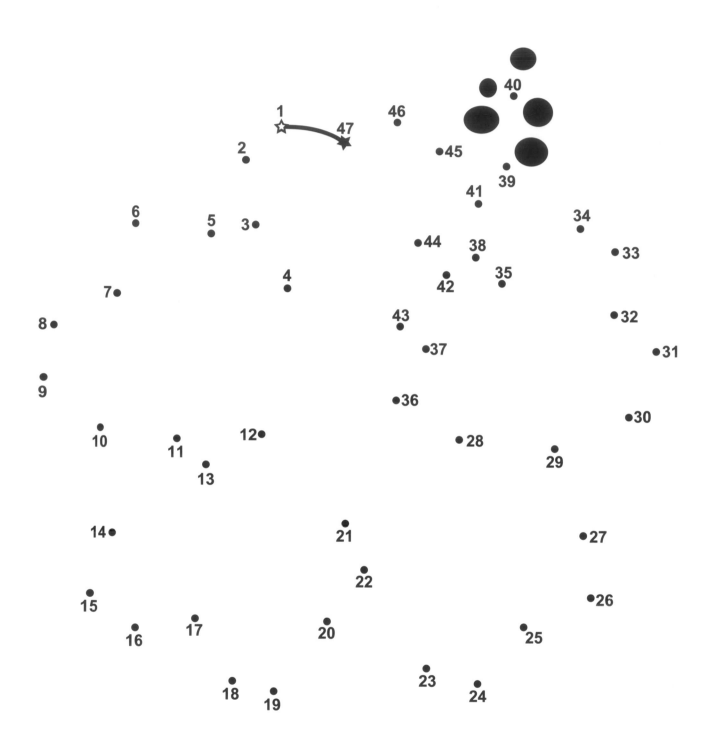

專注力小提醒⋯⋯⋯
　　一項遊戲不要安排過長的時間，以免孩子覺得
無趣或引起孩子對該活動的反感。

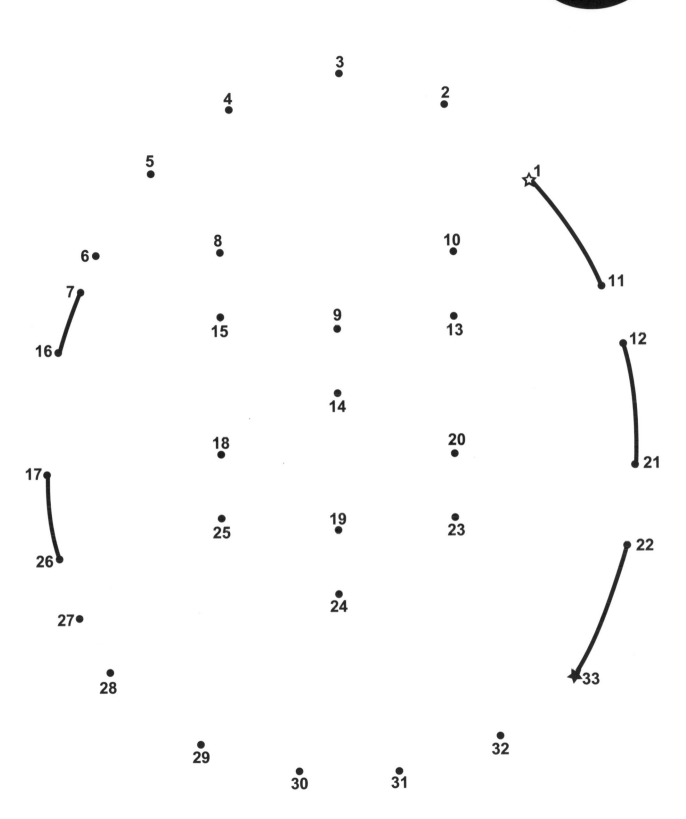

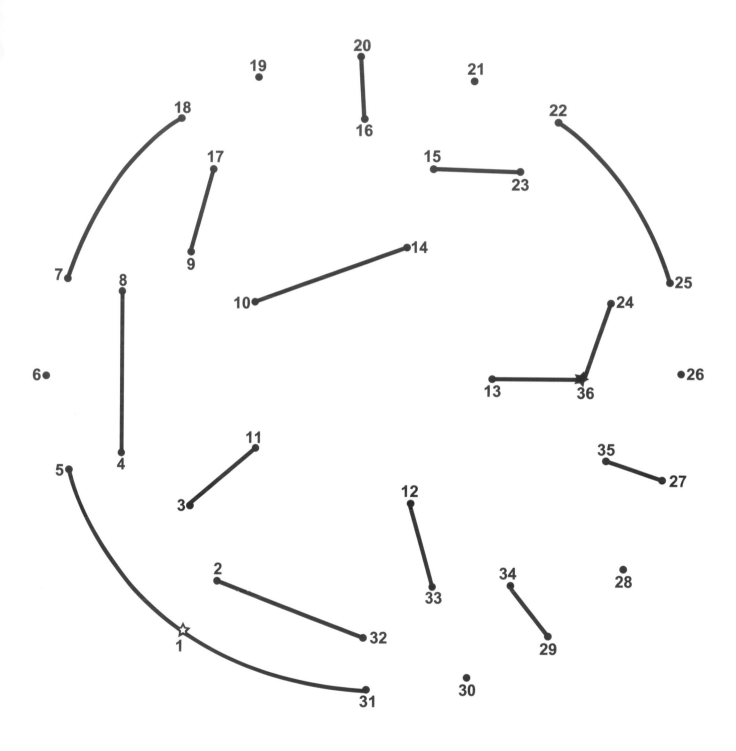

3

2 33

32

6

1 34

29

4

5

30 31

7

28

10

8 27

25 24

11

20 21

26

9

14

19

15

17

18

16

12

13 22

23

遊戲小叮嚀……
小朋友不可以說謊喔!不然鼻子也會越來越長。

遊戲小叮嚀⋯⋯⋯
你猜他坐的是什麼特殊的「交通工具」？

遊戲小叮嚀‧‧‧‧‧‧
很多人都聽過這個童話故事，不知道你有沒有
聽過呢？

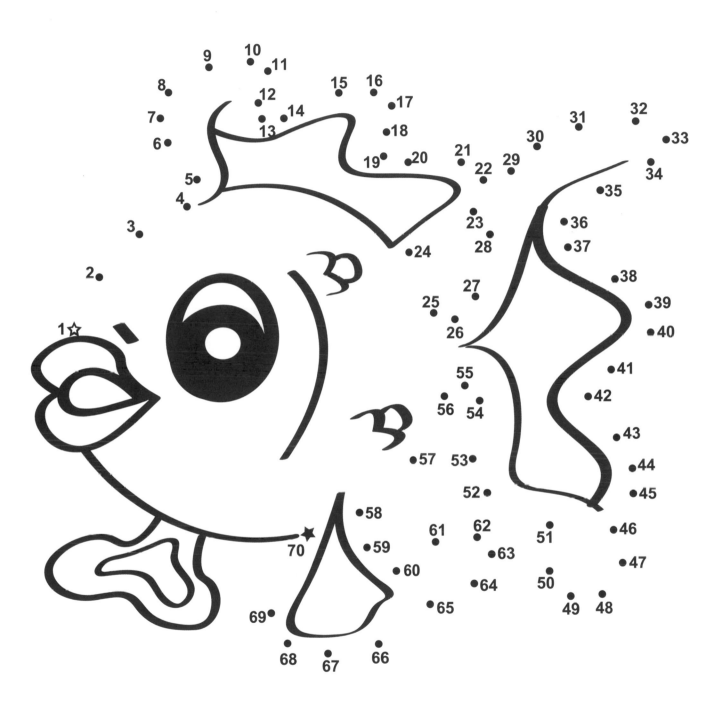

遊戲小叮嚀……….
你家有沒有養這種可愛的動物啊？

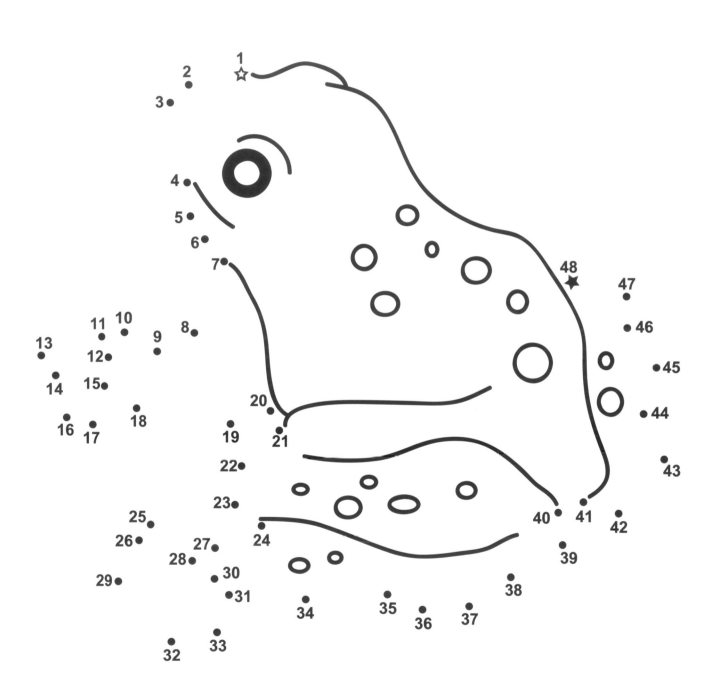

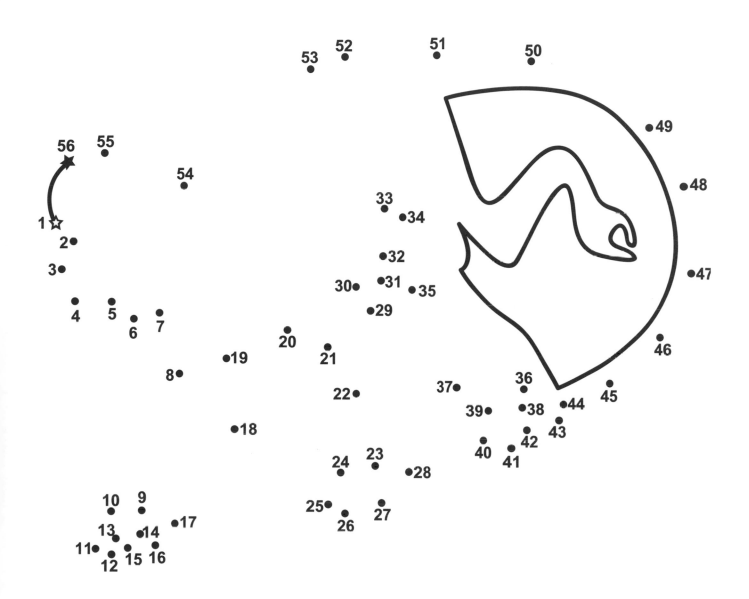

遊戲小叮嚀‥‥‥‥
　　牠總是在樹上跳來跳去、爬來爬去，動作非常
靈活。

25

連連看

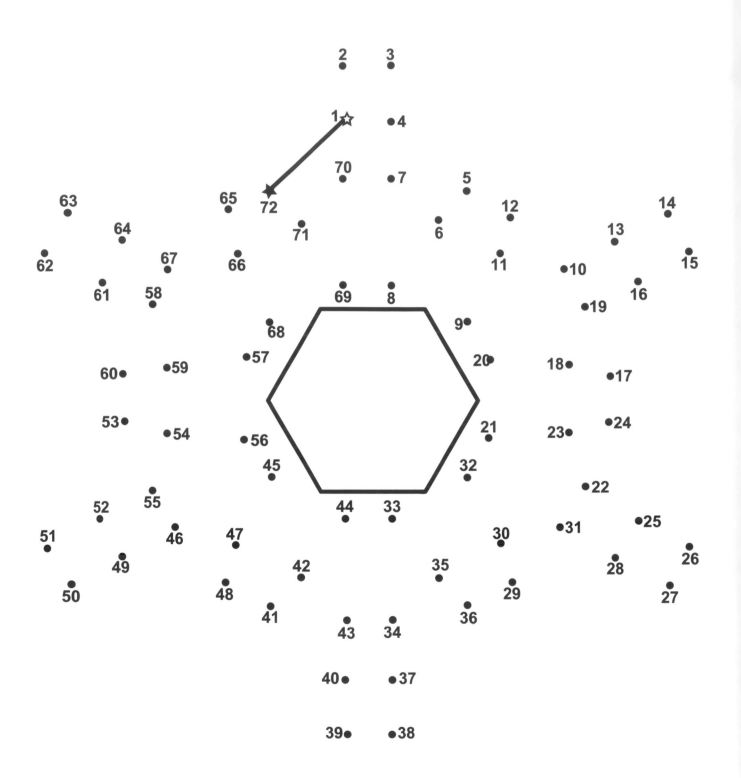

[遊戲3]
25個數字著色遊戲

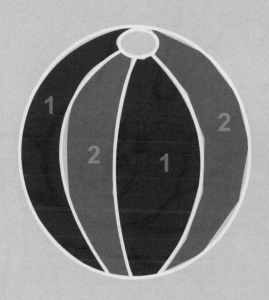

1-黑色　2-灰色

　　「數字著色」設計的出發點，是兒童需先具備辨認數字1到9，也需辨識幾種基本顏色，如黑、紅、黃、藍、綠等等，才有辦法進行此遊戲。此遊戲可分成兩個部分，第一個部分請小孩注意看對應的數字與顏色，接著將所有相同的數字區塊都塗上同一種顏色；第二部分可請小孩注意聽，由您說明什麼號碼該塗成什麼顏色，如「1塗成黃色」、「2塗成藍色」等等。

　　有的孩子行事較爲衝動，有塗就算數，這時您可以提醒孩子，需將數字所隸屬的區塊塗滿，以增加孩童衝動控制的能力。若孩子可持續運用注意力，就可將同一數字的區塊都找出來，並塗上同一顏色，直到整張紙都塗完爲止。

小兔子開飛機

1-黃色　**2**-橘色　**3**-藍色　**4**-綠色　**5**-紅色

遊戲小叮嚀……….
　　準備好你的彩色筆或蠟筆，開心來畫圖吧！

小熊雙胞胎

1-咖啡色　2-黃色　3-紅色　4-藍色　5-綠色　6-紫色

數字著色

彩色鼓

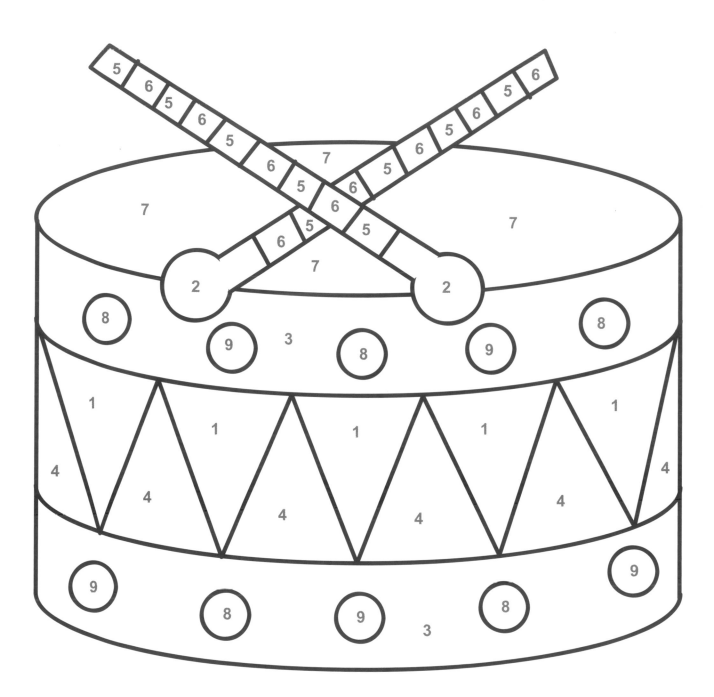

1-紅色　2-咖啡色　3-綠色　4-藍色　5-紫色
6-橘色　7-粉紅色　8-粉藍色　9-黃色

美麗的蝴蝶

1-紫色　**2-**粉紅色　**3-**黃色　**4-**紅色　**5-**綠色　**6-**藍色

專注力小提醒……
　給孩子一個乾淨、整潔的環境，讓他專心進行
此遊戲，避免被一旁的事物所干擾。

數字著色

玩水真有趣！

1-黃色　2-橘色　3-土黃色　4-紅色　5-淡藍色
6-淡綠色　7-紫色　8-咖啡色　9-粉紅色　10-灰色

遊戲小叮嚀……
　小朋友你會游泳嗎？去海邊玩水時，你會帶什麼東西呢？

可愛的小花

1-粉紅色　**2**-紅色　**3**-黃色　**4**-咖啡色　**5**-綠色

快樂的小熊

1-黃色　**2**-咖啡色　**3**-紅色　**4**-紫色　**5**-土黃色　**6**-綠色　**7**-淡藍色

遊戲小叮嚀‥‥‥
　小朋友有些地方線條比較窄，畫得動作慢一點，以免一下子就畫出線外了。

幸福花園

1-咖啡色　**2-**綠色　**3-**粉紫色　**4-**粉紅色　**5-**黃色
6-紅色　**7-**紫色　**8-**土黃色　**9-**橘色　**10-**粉藍色

數字著色

好亮的燈泡

1-紅色　**2**-藍色　**3**-黃色　**4**-綠色　**5**-灰色　**6**-紫色　**7**-紅色

是誰在釣魚？

1-淡藍色　2-黃色　3-紅色　4-綠色
5-藍色　6-土黃色　7-灰色　8-橘色

數字著色

一句問候語

1-綠色　**2-**藍色　**3-**紅色　**4-**黃色

原來是牠

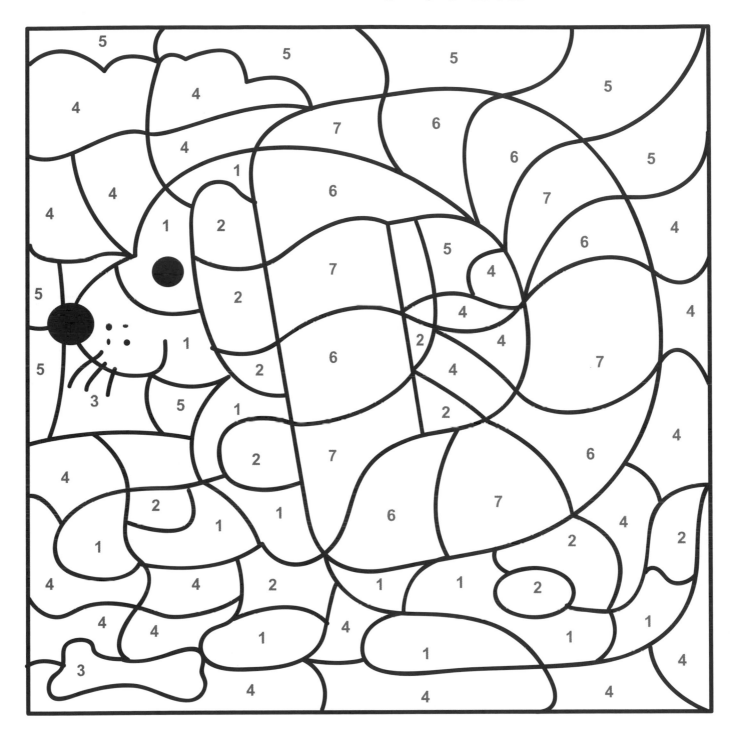

1-橘色　**2**-咖啡色　**3**-黃色　**4**-綠色

5-藍色　**6**-紅色　**7**-粉紅色

遊戲小叮嚀.....
是誰偷偷躲在字母**D**的後面啊？

13 數字著色

抓到魚了

1-灰色　**2**-咖啡色　**3**-紅色　**4**-紫色　**5**-綠色　**6**-藍色

可愛的企鵝

1-紫色　2-黃色　3-橘色　4-粉紅色
5-藍色　6-紅色　7-咖啡色　8-灰色

H 在哪裡？

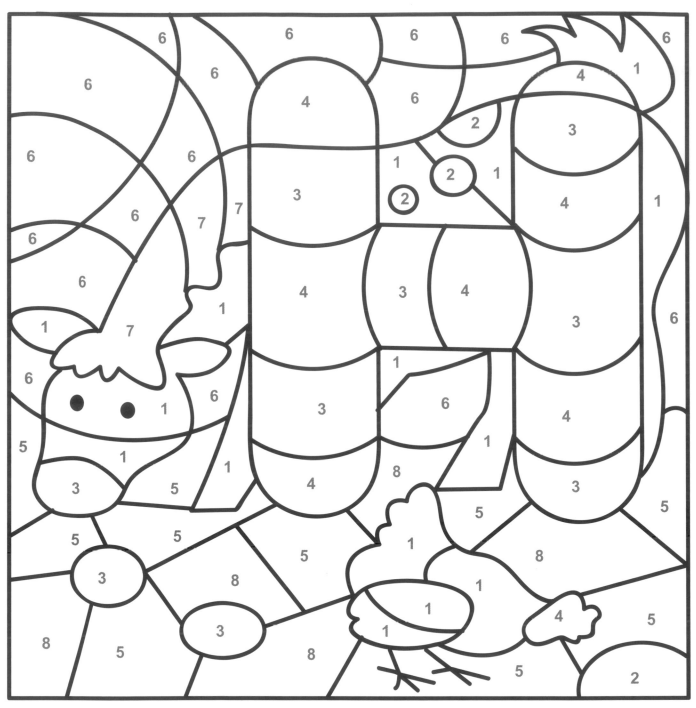

1-咖啡色　2-黃色　3-粉紅色　4-紅色　5-綠色
6-藍色　7-橘色　8-灰色

遊戲小叮嚀………
　小朋友趕快畫，裡面除了英文字母，有兩隻動物喔！

雨傘在哪裡？

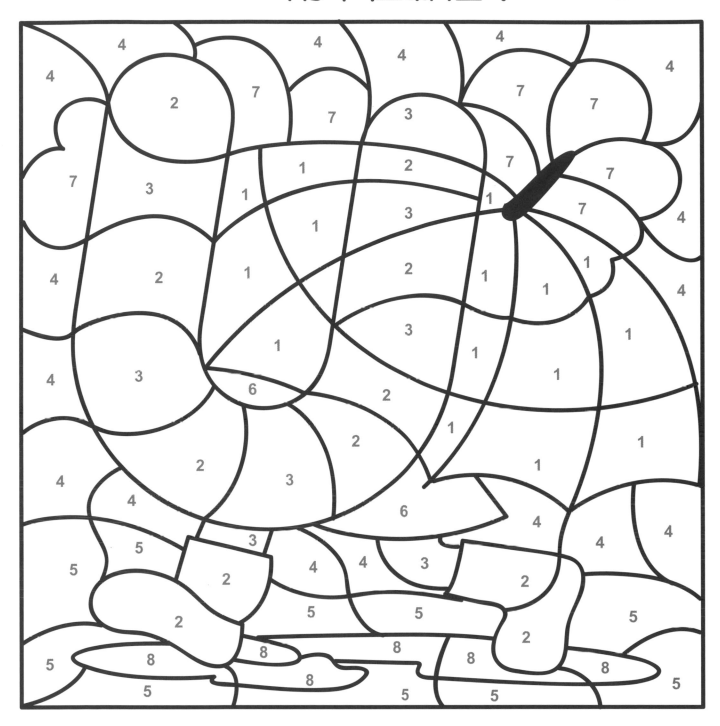

1-黃色　**2**-紅色　**3**-粉紅色　**4**-藍色　**5**-咖啡色
6-綠色　**7**-紫色　**8**-灰色

遊戲小叮嚀......
　　裡面藏有了有關下雨的用具，還有一個英文字母！

A 在哪裡?

1-綠色　**2**-咖啡色　**3**-黃色　**4**-粉紅色
5-藍色　**6**-橘色　**7**-紅色

遊戲小叮嚀……
　這個英文字母,你一定認識。不過,裡面是什麼動物,就得想一想了。

18

小星星

1-紅色　2-黃色　3-橘色　4-黑色

5-紫色　6-藍色　7-粉紅色

遊戲小叮嚀‧‧‧‧‧‧‧

　　塗好顏色之後，數一數看是不是真的有10顆小星星。

數字著色

蝴蝶飛舞

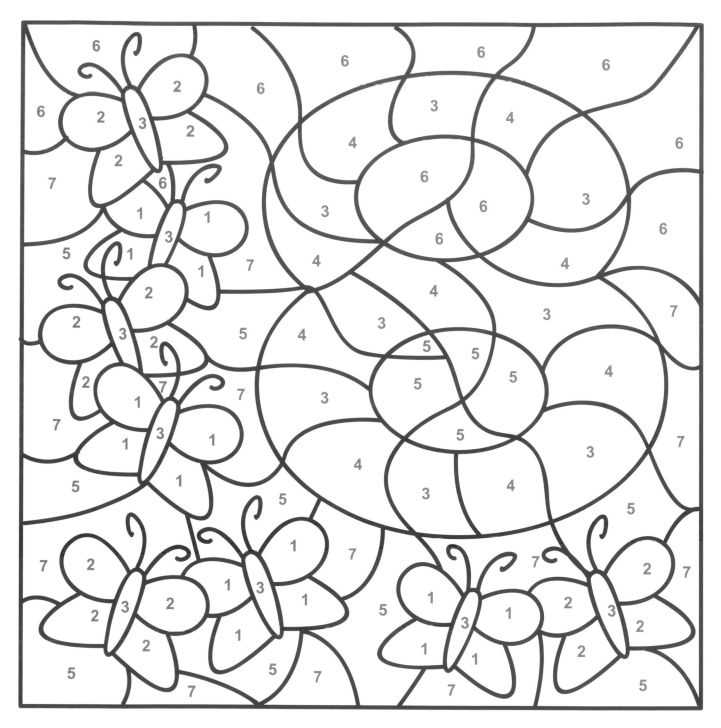

1-紫色　2-紅色　3-黃色　4-橘色　5-綠色
6-藍色　7-粉紅色

20

好多鉛筆

1-藍色　2-紅色　3-黃色　4-綠色　5-紫色
6-粉紅色　7-橘色　8-灰色

遊戲小叮嚀……
小朋友畫完之後，數一數裡面有幾支鉛筆。

085

21

數字著色

貓咪和小魚

1-黃色　**2**-紫色　**3**-淡藍色　**4**-紅色　**5**-綠色

遊戲小叮嚀……

　嘿嘿！裡面有小貓咪最喜歡吃的小魚，你畫出來了嗎？

好吃的水果

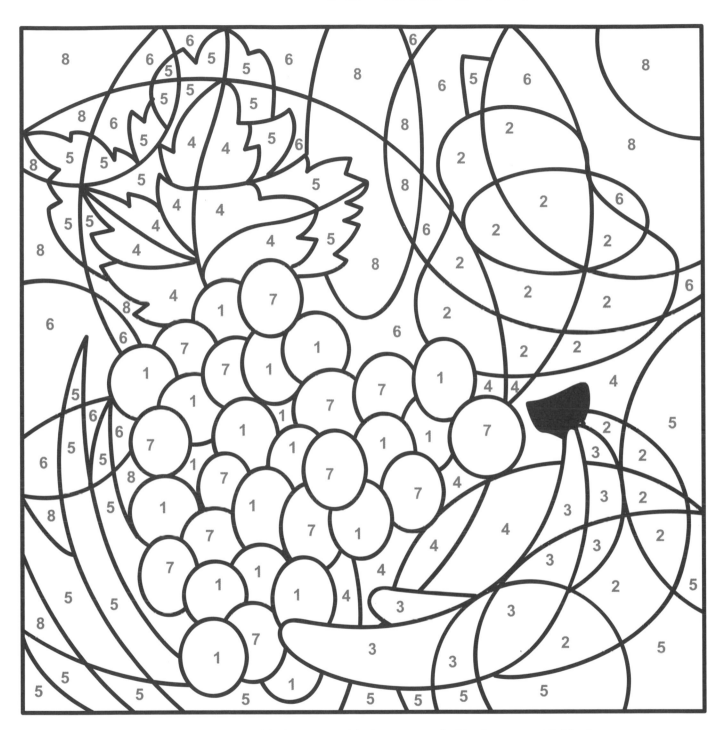

1-紫色　2-土黃色　3-黃色　4-淡綠色　5-深綠色
6-橘色　7-紅色　8-灰色

遊戲小叮嚀……
　小朋友多吃水果有益健康，你最喜歡吃的水果是什麼？

數字著色

熱情的太陽

1-黃色　2-紫色　3-紅色　4-藍色　5-灰色
6-橘色　7-粉紅色

遊戲小叮嚀……..
　有些格子比較小，小朋友動作要放慢，也要稍
微控制下筆的力量。

牙刷在哪裡？

1-藍色　2-黃色　3-灰色　4-橘色　5-紅色

6-粉紅色　7-紫色　8-咖啡色

遊戲小叮嚀……

　　有耐心慢慢塗色，很快你就會看見躲藏在圖畫裡的物品了。

數字著色

神祕的動物

1-藍色　2-橘色　3-黃色　4-綠色　5-咖啡色

6-黑色　7-紫色　8-土黃色　9-灰色　10-紅色

遊戲小叮嚀‥‥‥‥

　　小朋友仔細畫一畫，細心看一看，裡面藏了一些動物喔！

25個密碼破解遊戲

ㄨㄛ、ㄨㄛ、ㄕㄡˇ

ㄕㄛㄟㄠㄡㄢㄣㄥㄐㄧㄨㄩ

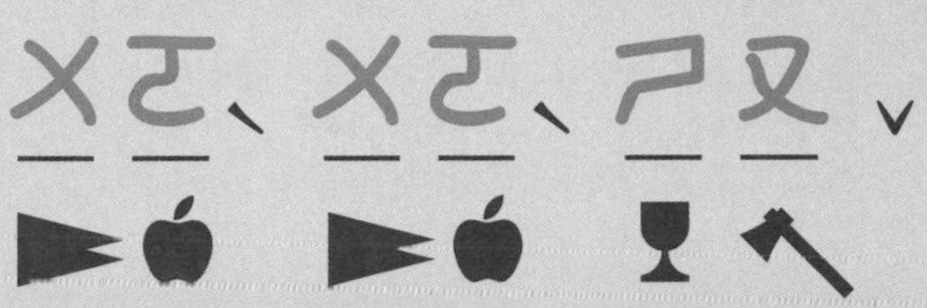

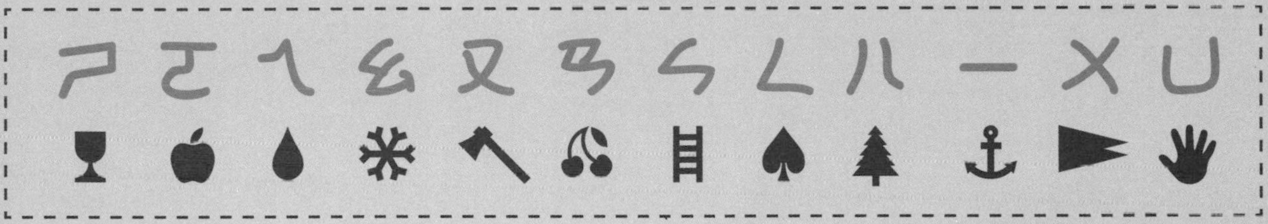

「破解密碼」的設計前提，是兒童需先認識37個注音符號及辨識不同圖形的能力。此遊戲中每一個注音符號都有相對應的圖形。小孩必須逐一辨識不同圖形，並注意圖形細節，注意不同的圖形所代表的其實是不同的注音符號，並將所找到的符號，逐一填進空格中。

需要提醒您的是，此遊戲的重點是在於注意不同圖形的細節，以及圖形與注音符號一對一的關係，小孩是否懂得整句句子並不是此遊戲的重點。若兒童可持續運用注意力，就可以逐一找出所有注音符號，破解整個遊戲。

※此單元解答附於第144頁。

ㄅ ㄆ ㄇ ㄈ ㄉ ㄊ ㄋ ㄌ ㄍ ㄎ ㄏ ㄐ ㄑ

ㄒ ㄓ ㄔ ㄕ ㄖ ㄗ ㄘ ㄙ ㄚ ㄛ ㄜ ㄝ ㄞ

ㄟ ㄠ ㄡ ㄢ ㄣ ㄤ ㄥ ㄦ ㄧ ㄨ ㄩ

ㄅ ㄆ ㄇ ㄈ ㄉ ㄊ ㄋ ㄌ ㄍ ㄎ ㄏ ㄐ ㄑ

ㄒ ㄓ ㄔ ㄕ ㄖ ㄗ ㄘ ㄙ ㄚ ㄛ ㄜ ㄝ ㄞ

ㄟ ㄠ ㄡ ㄢ ㄣ ㄤ ㄥ ㄦ ㄧ ㄨ ㄩ

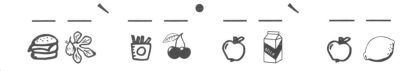

ㄅㄆㄇㄈㄉㄊㄋㄌㄍㄎㄏㄐㄑ

ㄒㄓㄔㄕㄖㄗㄘㄙㄚㄛㄜㄝㄞ

ㄟㄠㄡㄢㄣㄤㄥㄦㄧㄨㄩ

ㄅ ㄆ ㄇ ㄈ ㄉ ㄊ ㄋ ㄌ ㄍ ㄎ ㄏ ㄐ ㄑ

ㄒ ㄓ ㄔ ㄕ ㄖ ㄗ ㄘ ㄙ ㄚ ㄛ ㄜ ㄝ ㄞ

ㄟ ㄠ ㄡ ㄢ ㄣ ㄤ ㄥ ㄦ 一 ㄨ ㄩ

遊戲小叮嚀………

　　有些動物看起來很相似，你可以比較一下牠們的耳朵或嘴型，很快就會發現不一樣囉。

ㄅ ㄆ ㄇ ㄈ ㄉ ㄊ ㄋ ㄌ ㄍ ㄎ ㄏ ㄐ ㄑ

ㄒ ㄓ ㄔ ㄕ ㄖ ㄗ ㄘ ㄙ ㄚ ㄛ ㄜ ㄝ ㄞ

ㄟ ㄠ ㄡ ㄢ ㄣ ㄤ ㄥ ㄦ ㄧ ㄨ ㄩ

ㄅ ㄆ ㄇ ㄈ ㄉ ㄊ ㄋ ㄌ ㄍ ㄎ ㄏ ㄐ ㄑ
ㄒ ㄓ ㄔ ㄕ ㄖ ㄗ ㄘ ㄙ ㄚ ㄛ ㄜ ㄝ ㄞ
ㄟ ㄠ ㄡ ㄢ ㄣ ㄤ ㄥ ㄦ ㄧ ㄨ ㄩ

遊戲小叮嚀⋯⋯⋯
　這些蝴蝶和瓢蟲看起來很漂亮吧！注意看，它
們飛的方向或是身上的斑點都有不同之處喔！

098

ㄅㄆㄇㄈㄉㄊㄋㄌㄍㄎㄏㄐㄑ

ㄒㄓㄔㄕㄖㄗㄘㄙㄚㄛㄜㄝㄞ

ㄟㄠㄡㄢㄣㄤㄥㄦㄧㄨㄩ

專注力小提醒......
　　小孩投入一件事的專心時間約為20分左右，而且，每個小孩都有個體差異。

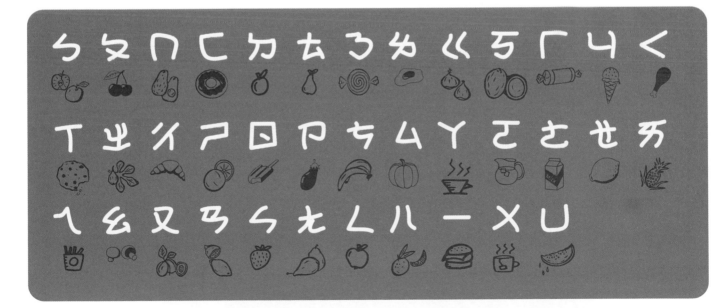

遊戲小叮嚀………
這個動物，你在動物園可以看得到喔。

11 破解密碼

102

ㄅㄆㄇㄈ ㄉㄊㄋㄌ ㄍㄎㄏㄐㄑ

ㄒㄓㄔㄕㄖ ㄗㄘㄙㄚㄛㄜㄝㄞ

ㄟㄠㄡㄢㄣㄤㄥㄦ一ㄨㄩ

ㄅ ㄆ ㄇ ㄈ ㄉ ㄊ ㄋ ㄌ ㄍ ㄎ ㄏ ㄐ ㄑ

ㄒ ㄓ ㄔ ㄕ ㄖ ㄗ ㄘ ㄙ ㄚ ㄛ ㄜ ㄝ ㄞ

ㄟ ㄠ ㄡ ㄢ ㄣ ㄤ ㄥ ㄦ ㄧ ㄨ ㄩ

ㄅ ㄆ ㄇ ㄈ ㄉ ㄊ ㄋ ㄌ ㄍ ㄎ ㄏ ㄐ ㄑ

ㄒ ㄓ ㄔ ㄕ ㄖ ㄗ ㄘ ㄙ ㄚ ㄛ ㄜ ㄝ ㄞ

ㄟ ㄠ ㄡ ㄢ ㄣ ㄤ ㄥ ㄦ ㄧ ㄨ ㄩ

ㄅㄆㄇㄈㄉㄊㄋㄌㄍㄎㄏㄐㄑ

ㄒㄓㄔㄕㄖㄗㄘㄙㄚㄛㄜㄝㄞ

ㄟㄠㄡㄢㄣㄤㄥㄦㄧㄨㄩ

遊戲小叮嚀………
　　不要心急，依照順序一個個比對看看，到底畫的是哪一個注音符號。

ㄅㄆㄇㄈㄉㄊㄋㄌㄍㄎㄏㄐㄑ

ㄒㄓㄔㄕㄖㄗㄘㄙㄚㄛㄜㄝㄞ

ㄟㄠㄡㄢㄣㄤㄥㄦㄧㄨㄩ

遊戲小叮嚀......
　　有的開心、有的生氣、有的擠眉弄眼，仔細看看他們的眼睛或嘴型，找出你要的注音符號。

19 破解密碼

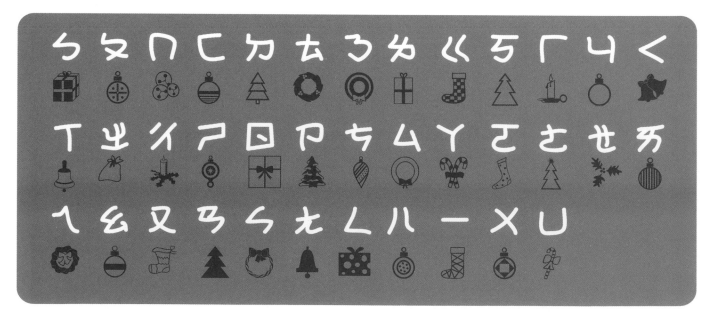

110

20

遊戲小叮嚀……‥‥

　　有的貓咪有鬍鬚，有的沒有鬍鬚；有的是大眼貓，有的是小眼貓喔！

21 破解密碼

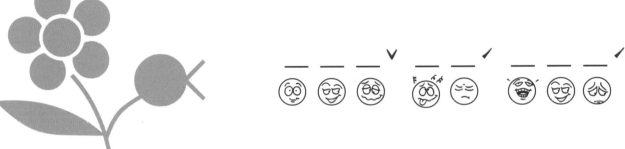

25 破解密碼

ㄅ ㄆ ㄇ ㄈ ㄉ ㄊ ㄋ ㄌ ㄍ ㄎ ㄏ ㄐ ㄑ

ㄒ ㄓ ㄔ ㄕ ㄖ ㄗ ㄘ ㄙ ㄚ ㄛ ㄜ ㄝ ㄞ

ㄟ ㄠ ㄡ ㄢ ㄣ ㄤ ㄥ ㄦ ㄧ ㄨ ㄩ

［遊戲5］
25個找躲藏的字遊戲

```
L R I C C C Z P
R O S B A A P
E Y V N N O M
A H E E D K I
T J C Y Y A D
U K V O E V R
```

CANDY LOVE DAY

　　「找出躲藏的字」設計的出發點，是兒童需先認識26個英文字母。此遊戲是希望兒童可以注意看，找出紙張下面所列出的單字，這些字都隱藏在5乘5至10乘10的英文字母中。小孩選定一個單字之後，必須先從字首開始，在限定的範圍中，先找出此字母，接著再看此字母的周圍是否有可接續的字，逐一搜尋之下，才能將完整的單字找出來。

　　有的小孩在做此遊戲時，會隨意搜尋，很容易就漏掉相關的字母。此時可以提醒孩子，可系列性搜尋整個版面，由左至右，由上至下，逐一確認，就可以完整搜尋版面上每一個文字。若是小孩的注意力可以持續，就能系統性的搜尋每一個字母，將所有隱藏的單字找尋出來。

※此單元解答附於第147頁。

找出躲藏的字

```
T R I C K Z P
R T S A P A P
E Y D N O O M
A H E D Q K I
T J C Y W L D
U K V O E V R
```

TRICK   TREAT   CANDY   MOON

CANDY
DRINK
COOKIE
CAKE

C D R C N K D
R A P A V H R
C O O K I E I
A O T E K E N
C A N D Y D K

遊戲小叮嚀‥‥‥‥
把找出來的單字用筆圈出來。

```
M Y I C B O O E
A K P A A H D D
S O A N T O M M
K O T D S E F F
S P J Y S D T L
R S T S O H G G
```

MASKS   BATS   BOO
SPOOKY   GHOSTS

專注力小提醒……
　　專注力的訓練是需要時間慢慢加強的，不要求
速效或認為多久的時間，孩子就要看出成效。

CANDY
BAT
MONSTER
ZOMBIE

Q Z P N M Y T T
A O P T K H Y Y
S M A G E U J
T B T V C E B
G I H F A D D
R E T S N O M
B X U K D B W
C D J L Y Q G

BABY   SANTA
GIFTS   SLEIGH
HOLLY   TREE

G S S V E B R Q
Y I S L B E N X
L A F A E A R O
L T Y T N I B T
O E U W S T G Y
H S J T M X A H

```
Z S M A L L Z P
X K A D Q A X O
C I S F W R C I
V N D A E G V U
B N F T R E B Y
N Y G N T E N T
M B H I T E M R
T A L L Y K A E
X W O T H I N S
```

SMALL FAT
LARGE TALL
THIN SKINNY

遊戲小叮嚀……
　有些答案是直的，有些是橫的，小朋友上下左右都要試著接看看。

C S A V Z T A C S F
I K C G O S N S R L
H A C I T R A V E O
N R A A N R G Y W P
M T T G G C A U O E
O U P N N T I I L D
E K E I T H C P F V
S S E W S G R F R H
E A H S U N R T I J
A N T S J W I T V K

PICNIC   GRASS   STATUE
SWING   ANTS   FLOWERS

R S I V O B R Q M E
D K U P E K N X J F
F A P E V L O O N T
V I F D Y L K A G H
H E L C O O Y P L J
F Z Y W W W U O B A
I R E S L D H R O L
L L O X M S C C A E
K O V G L A X V R F
H N I O P Z Z X D X

HIPPO   FROG
FLY   ELK
OWL   KOALA

找出躲藏的字

ERASER   **PICTURE**
PENCIL   **PUZZLE**
PASTE   **PAINT**

```
W T P V P H R S E P
E C I A O P I Y L U
R U I U D E E R Z Z
T N S U E N H A Z A
T E R U T C I P U S
P A A T T I A Y P D
H A K I D L D H A C
K T S O F U I D N I
N B V T G D E F D L
E R A S E R I E K L
```

123

s t q o g n l o a q
e e f p e c j w y w
v n o r i e k z u e
e u u k g m h t n r
n z r s h e g p i o
m x r a t j f f n t
h c o n e g d i e w
j v r o o s s v r o
k b u t h r e e s e
l n i x c s i x a b

one   five   eight
two   six   nine
three   seven   ten
four

專注力小提醒
　當小孩能對一件事情展現專注、恆心的表現時，
別忘了鼓勵他，讓他願意持續下去。

BAT   **MONSTER**
BOO   **ZOMBIE**
CANDY   **MASK**
GHOST
GHOUL

G	Z	P	N	M	Y	P	L
H	O	P	T	K	H	U	U
O	M	A	G	E	B	O	O
S	B	T	V	C	E	W	H
T	I	H	F	A	D	S	G
R	E	T	S	N	O	M	E
M	A	S	K	D	B	W	D
C	D	J	L	Y	Q	G	C

遊戲小叮嚀………
    如果從左到右找不到，你可以換個方向改由右
邊找往左邊。

128

```
A G Q O G N G O A T
S Y W P Y C O W Y D
D H O R S E F Z U Z
D U C K L M L T P U
F Z E S H E E P I G
G X R A H J E J E Y
H C T S V G R S O O
J V R O O S T E R S
K B U Z O G O O S E
L N I X C F T X A B
```

PIG
COW
DUCK
GOAT
GOOSE
HORSE
SHEEP
ROOSTER

遊戲小叮嚀………
這一題的答案恰巧都是橫的喔！

13 找出躲藏的字

LIME
APPLE
BANANA
GRAPE
LEMON
MELON
ORANGE
PEAR

```
A G Q O G N G N A A
S Y G R A P E M Y D
D R O A S E F W U F
D T C N L I M E P G
F Y E G L E M O N H
G Q R E H P E A R J
A P P L E G L S O K
J V R S C S O E R K
K B U Z D G N O S L
B A N A N A T X A V
```

CAT
COW
SHEEP
HORSE
TOMATO
BASKET
TRACTOR

D S A V Z T A C S S
F K B G O T N E O B
R A C M V R O V P W
T R A U Y U G Y M Q
H T O W U C A U O X
O E P T M X W I N E
R K E O C O C M U A
S S E E C A R F R D
E A H A A D R T I N
M B S R C S I T V U

找出躲藏的字 ....

```
S R A I N G R A P S
E H N A R T O I O N
V S U N O W E K L O
C G C W I N D F I W
O C L N Q M R R K O
L D O T Z L F O U T
D C U I W N E S J W
J V D N V H D T Y O
L O V E R B W F H E
H O T X N V S X T B
```

CLOUD   SNOW   WIND

RAIN   HOT   FROST

SUN   COLD

SEASHELL   **BEACH**
SANDALS   **SWIMSUIT**
PICNIC   **FISH**

```
R S I V O B S L M A
H C A E B L S L N T
F A P E A L W E F E
F I F D Y L N H C F
H I N C O S T S E G
F A S W W F D A X E
S R E H L C C E Z N
P I C N I C O S U U
S W I M S U I T I I
H S W I P Z Z X R O
```

遊戲小叮嚀……

　　有耐心就一定找得出來，如果累了，休息一
下，再找一次看看。

```
D R A G O N C M P
R Y S D R A P O E
M O N K E Y A H M
P R O S A B T O P
E A S S H I A R E
R B P N T E S S R
O B V I A E E E O
O I D O G K R P R
X T U S E Q E S S
```

DOG	MONKEY	PAT
DRAGON	OX	ROOSTER
EMPEROR	PIG	SHEEP
HORSE	RABBIT	SNAKE

遊戲小叮嚀………

　　這裡面有很多動物單字，等你找出來之後，再
請爸爸媽媽唸給你聽。

THE RAINBOW

```
s  t  q  o  g  g  r  e  e  n
e  r  a  i  n  b  o  w  y  w
v  g  o  r  i  e  k  z  u  e
e  o  u  l  g  s  h  i  p  p
n  l  r  u  h  a  g  r  a  o
m  d  r  c  t  i  f  i  t  t
h  c  o  k  e  n  d  s  r  w
j  v  r  y  o  t  s  h  i  o
k  p  a  r  a  d  e  e  c  e
l  n  i  x  c  s  i  x  k  b
```

patrick	lucky	pot
saint	rainbow	gold
green	irish	
parade		

遊戲小叮嚀………
　這是小寫的英文單字，仔細找，你一定可以找得到。

找出躲藏的字

ZOO   FROG
DOG   FARM
LAMB   MOOSE
LIZARD OWL

H W E M G L R Z N M
D C E R O T W Y O N
V R R A D B E O W O
E G A F E M H A S G
N E G Z H A R U S I
M D O T I L A M T O
H O D Q S L V O A W
K S O G O R F S N X
N O V S A D R F D A
M N I Z E S U X K Z

```
g  b  i  r  t  h  d  a  y
c  a  s  d  r  a  p  o  e
a  l  n  k  p  a  r  t  y
n  l  o  c  l  o  w  n  p
d  o  s  c  h  i  g  g  e
l  o  c  a  k  e  a  a  r
e  n  v  r  a  e  t  m  o
s  s  d  d  g  k  r  e  r
p  r  e  s  e  n  t  s  a
```

birthday   **presents**   **games**
candles   **party**   **balloons**
cake   **cards**   **tea**
clown

137

```
A D P M D F O U R H
S R O K S E V E N G
D M I O M O Q Y F F
F P U P Y N W U D D
G T H R E E I G H T
H R T W O Y R K B U
J O Y W T S I X V Y
T E N I N E D L C T
X S R A B X F U X P
R D E F I V E T D R
```

ONE
SEVEN
FIVE
SIX
EIGHT   FOUR   TEN
THREE   NINE
TWO

遊戲小叮嚀⋯⋯⋯

這1~10的英文單字，到底是躲在哪裡，讓我們一起把它們找出來。

```
S T Q V G G R E E N
E H E A R T O Y Y W
V U F L O W E R S E
E G U E G S H A P P
N C A N D Y G U A O
M D R T T C A R D T
H C K I S S D B R W
J V R N O T S E I O
L O V E A D E F C E
L N I X C S I X K B
```

CANDY  **FLOWERS** **VALENTINE**
CARD **HEART** **KISS**
FEBRUARY **HUG** **LOVE**

```
P A P E R G H E B S
P S C H O O L W N D
O G O R I A P P L E
I S T U D E N T R X
D E S K L A F C R C
M D R E K I D V T V
B U S W J B O O K R
C H A L K T S H K Y
T P A T E A C H E R
R N I A P E N C I L
```

BUS   DESK
BOOK   PAPER
APPLE   PENCIL   STUDENT
CHALK   SCHOOL   TEACHER

```
R S W V Z B R Q S S
D K E G Q T N X K B
F A X U V R O O A I
V T Y U Y U G P T C
B E U W U C A R E Y
N S J T M X W N B C
L R E T O O C S O L
E L C Y C I R T A E
N O V J A D E F R F
M N I O C S I X D X
```

SKATES
WAGON
BICYCLE
TRICYCLE
SKATEBOARD
SCOOTER

遊戲小叮嚀……
有的單字是由下往上排列的喔!

SIDEWALK
STOP SIGN
CHURCH
BRIDGE
NEWSSTAND
HOUSE

H T E V G H R S N M
E C E G O T I Y E N
V U R U D D E R W B
E G S U E I H A S G
N E A W H Y R U S V
M D A T T C A B T D
H L K I S U D B A S
K S T O P S I G N X
N O V J A D E F D A
M N I Z C S I X K Z

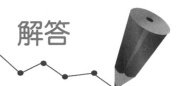

143

01
羞羞羞
小孩光溜溜

ㄒㄧㄡ ㄒㄧㄡ ㄒㄧㄡ

ㄒㄧㄠˇ ㄏㄞˊ ㄍㄨㄤ ㄌㄧㄡ ㄌㄧㄡ

02
含羞草
一碰就睡著

ㄏㄢˊ ㄒㄧㄡ ㄘㄠˇ

ㄧ ㄆㄥˋ ㄐㄧㄡˋ ㄕㄨㄟˋ ㄓㄠ

03
點點兵
看誰是我的小小兵

ㄉㄧㄢˇ ㄉㄧㄢˇ ㄅㄧㄥ

ㄎㄢˋ ㄕㄟˊ ㄕˋ ㄨㄛˇ ㄉㄜ˙

ㄒㄧㄠˇ ㄒㄧㄠˇ ㄅㄧㄥ

04
小屁股圓鼓鼓
放個屁噗

ㄒㄧㄠˇ ㄆㄧˋ ㄍㄨˇ

ㄩㄢˊ ㄍㄨˇ ㄍㄨˇ

ㄈㄤˋ ㄍㄜ˙ ㄆㄧˋ ㄆㄨ

05
娃娃國 娃娃兵
金髮藍眼睛

ㄨㄚˊ ㄨㄚˊ ㄍㄨㄛˊ

ㄨㄚˊ ㄨㄚˊ ㄅㄧㄥ

ㄐㄧㄣ ㄈㄚˇ ㄌㄢˊ ㄧㄢˇ ㄐㄧㄥ

06
公雞啼 小鳥叫
太陽出來了

ㄍㄨㄥ ㄐㄧ ㄊㄧˊ

ㄒㄧㄠˇ ㄋㄧㄠˇ ㄐㄧㄠˋ

ㄊㄞˋ ㄧㄤˊ

ㄔㄨ ㄌㄞˊ ㄌㄜ˙

07
嗡嗡嗡 嗡嗡嗡
大家一起勤做工

ㄨㄥ ㄨㄥ ㄨㄥ ㄨㄥ ㄨㄥ ㄨㄥ

ㄉㄚˋ ㄐㄧㄚ ㄧ ㄑㄧˇ

ㄑㄧㄣˊ ㄗㄨㄛˋ ㄍㄨㄥ

08
三輪車 跑得快
上面坐個老太太

ㄙㄢ ㄌㄨㄣˊ ㄔㄜ

ㄆㄠˇ ㄉㄜ˙ ㄎㄨㄞˋ

ㄕㄤˋ ㄇㄧㄢˋ ㄗㄨㄛˋ ㄍㄜ˙

ㄌㄠˇ ㄊㄞˋ ㄊㄞˋ

09 搖ㄧㄠˊ啊ㄚ˙搖ㄧㄠˊ 搖ㄧㄠˊ啊ㄚ˙搖ㄧㄠˊ
船ㄔㄨㄢˊ兒ㄦˊ搖ㄧㄠˊ到ㄉㄠˋ外ㄨㄞˋ婆ㄆㄛˊ橋ㄑㄧㄠˊ

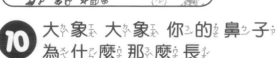

10 大ㄉㄚˋ象ㄒㄧㄤˋ 大ㄉㄚˋ象ㄒㄧㄤˋ 你ㄋㄧˇ的ㄉㄜ˙鼻ㄅㄧˊ子ㄗ˙
為ㄨㄟˋ什ㄕㄣˊ麼ㄇㄜ˙那ㄋㄚˋ麼ㄇㄜ˙長ㄔㄤˊ

11 一ㄧ閃ㄕㄢˇ一ㄧ閃ㄕㄢˇ亮ㄌㄧㄤˋ晶ㄐㄧㄥ晶ㄐㄧㄥ
滿ㄇㄢˇ天ㄊㄧㄢ都ㄉㄡ是ㄕˋ小ㄒㄧㄠˇ星ㄒㄧㄥ星ㄒㄧㄥ

12 夕ㄒㄧ陽ㄧㄤˊ斜ㄒㄧㄝˊ 晚ㄨㄢˇ風ㄈㄥ飄ㄆㄧㄠ
大ㄉㄚˋ家ㄐㄧㄚ來ㄌㄞˊ唱ㄔㄤˋ採ㄘㄞˇ蓮ㄌㄧㄢˊ謠ㄧㄠˊ

13 小ㄒㄧㄠˇ烏ㄨ龜ㄍㄨㄟ 大ㄉㄚˋ烏ㄨ龜ㄍㄨㄟ
大ㄉㄚˋ大ㄉㄚˋ小ㄒㄧㄠˇ小ㄒㄧㄠˇ 擠ㄐㄧˇ一ㄧ堆ㄉㄨㄟ

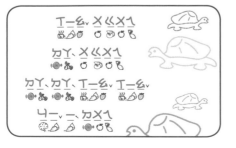

14 小ㄒㄧㄠˇ青ㄑㄧㄥ蛙ㄨㄚ 呱ㄍㄨㄚ呱ㄍㄨㄚ呱ㄍㄨㄚ
長ㄔㄤˊ長ㄔㄤˊ的ㄉㄜ˙舌ㄕㄜˊ頭ㄊㄡ 大ㄉㄚˋ嘴ㄗㄨㄟˇ巴ㄅㄚ

15 大ㄉㄚˋ姆ㄇㄨˇ哥ㄍㄜ 二ㄦˋ姆ㄇㄨˇ弟ㄉㄧˋ
三ㄙㄢ中ㄓㄨㄥ娘ㄋㄧㄤˊ 四ㄙˋ小ㄒㄧㄠˇ弟ㄉㄧˋ 小ㄒㄧㄠˇ妞ㄋㄧㄡ妞ㄋㄧㄡ

16 小ㄒㄧㄠˇ雨ㄩˇ唱ㄔㄤˋ歌ㄍㄜ 滴ㄉㄧ答ㄉㄚ滴ㄉㄧ答ㄉㄚ
大ㄉㄚˋ雨ㄩˇ唱ㄔㄤˋ歌ㄍㄜ 嘩ㄏㄨㄚ啦ㄌㄚ嘩ㄏㄨㄚ啦ㄌㄚ

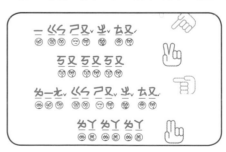

17 一ㄧ根ㄍㄣ手ㄕㄡˇ指ㄓˇ頭ㄊㄡ 摳ㄎㄡ摳ㄎㄡ摳ㄎㄡ
兩ㄌㄧㄤˇ根ㄍㄣ手ㄕㄡˇ指ㄓˇ頭ㄊㄡ 拉ㄌㄚ拉ㄌㄚ拉ㄌㄚ

18 小ㄒㄧㄠˇ鳥ㄋㄧㄠˇ飛ㄈㄟ 小ㄒㄧㄠˇ鳥ㄋㄧㄠˇ飛ㄈㄟ 飛ㄈㄟ累ㄌㄟˋ了ㄌㄜ˙
就ㄐㄧㄡˋ到ㄉㄠˋ池ㄔˊ邊ㄅㄧㄢ喝ㄏㄜ點ㄉㄧㄢˇ水ㄕㄨㄟˇ

19 妹妹揹著洋娃娃
走到花園來看花

ㄇㄟˋ ㄇㄟ˙ ㄅㄟ ㄓㄜ˙
ㄧㄤˊ ㄨㄚˊ ㄨㄚ˙
ㄗㄡˇ ㄉㄠˋ ㄏㄨㄚ ㄩㄢˊ
ㄌㄞˊ ㄎㄢˋ ㄏㄨㄚ

20 圓圓溜溜
小狗玩皮球
一跳跳到大門口

ㄩㄢˊ ㄩㄢˊ ㄌㄧㄡ ㄌㄧㄡ
ㄒㄧㄠˇ ㄍㄡˇ ㄨㄢˊ ㄆㄧˊ ㄑㄧㄡˊ
ㄧ ㄊㄧㄠˋ ㄊㄧㄠˋ ㄉㄠˋ
ㄉㄚˋ ㄇㄣˊ ㄎㄡˇ

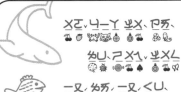

21 我家住在綠水中
游來游去樂融融

ㄨㄛˇ ㄐㄧㄚ ㄓㄨˋ ㄗㄞˋ
ㄌㄩˋ ㄕㄨㄟˇ ㄓㄨㄥ
ㄧㄡˊ ㄌㄞˊ ㄧㄡˊ ㄑㄩˋ
ㄌㄜˋ ㄖㄨㄥˊ ㄖㄨㄥˊ

22 美麗的花
美麗的葉
飛來美麗的小蝴蝶

ㄇㄟˇ ㄌㄧˋ ㄉㄜ˙ ㄏㄨㄚ
ㄇㄟˇ ㄌㄧˋ ㄉㄜ˙ ㄧㄝˋ
ㄈㄟ ㄌㄞˊ ㄇㄟˇ ㄌㄧˋ ㄉㄜ˙
ㄒㄧㄠˇ ㄏㄨˊ ㄉㄧㄝˊ

23 小螃蟹肚子大
玩累了要回家
一縮一爬 一縮一爬

ㄒㄧㄠˇ ㄆㄤˊ ㄒㄧㄝˋ ㄉㄨˋ ㄗ˙ ㄉㄚˋ
ㄨㄢˊ ㄌㄟˋ ㄌㄜ˙
ㄧㄠˋ ㄏㄨㄟˊ ㄐㄧㄚ
ㄧ ㄙㄨㄛ ㄧ ㄆㄚˊ ㄧ ㄙㄨㄛ ㄧ ㄆㄚˊ

24 小茶壺小小嘴
圓圓肚子滿滿水
客人來了把茶倒

ㄒㄧㄠˇ ㄔㄚˊ ㄏㄨˊ
ㄒㄧㄠˇ ㄒㄧㄠˇ ㄗㄨㄟˇ
ㄩㄢˊ ㄩㄢˊ ㄉㄨˋ ㄗ˙ ㄇㄢˇ ㄇㄢˇ ㄕㄨㄟˇ
ㄎㄜˋ ㄖㄣˊ ㄌㄞˊ ㄌㄜ˙ ㄅㄚˇ ㄔㄚˊ ㄉㄠˋ

25 一二三四五
上山打老虎
老虎打不到
打到小松鼠

ㄧ ㄦˋ ㄙㄢ ㄙˋ ㄨˇ
ㄕㄤˋ ㄕㄢ ㄉㄚˇ ㄌㄠˇ ㄏㄨˇ
ㄌㄠˇ ㄏㄨˇ ㄉㄚˇ ㄅㄨˋ ㄉㄠˋ
ㄅㄚˇ ㄉㄠˋ ㄒㄧㄠˇ ㄙㄨㄥ ㄕㄨˇ

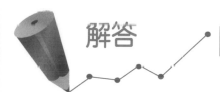

01

```
T R I C K Z P
R T S A P A P
E Y D N O O M
A H E D Q K I
T J C Y W L D
U K V O E V R
```

02

```
C D R C N K D
R A P A V H R
C O O K I E I
A O T E K E N
C A N D Y D K
```

03

```
M Y I C B O O E
A K P A A H D D
S O A N T O M M
K O T D S E F F
S P J Y S D T L
R S T S O H G G
```

04
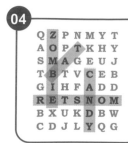
```
Q Z P N M Y T
A O P T K H Y
S M A G E U J
T B T V C E B
G I H F A D D
R E T S N O M
B X U K D B W
C D J L Y Q G
```

05

```
G S S V E B R Q
Y I S L B E N X
L A F A E A R O
L T Y T N I B T
O E U W S T G Y
H S J T M X A H
```

06

```
Z S M A L L Z P
X K A D Q A X O
C I S F W R C I
C I N D A E W G O
B N F N T R E B Y
N Y G N T E N T
M B H I T E M R
T A L L Y K A E
X W O T H I N S
```

07

```
C S A V Z T A C S F
I K C G O S N S R L
H A C I T R A V E O
N R A A N R G Y W P
M T T G G C A U O E
O U P N N T I I L D
E K E I T H C P F V
S S E W S G R F R H
E A H S U N R T I J
A N T S J W I T V K
```

08

```
R S I V O B R Q M E
D K U P E K N X J F
F A P E V L O O N T
V I F D Y L K A G H
H E L C O O Y P L J
F Z Y W W W U O B A
I R E S L D H R O L
L L O X M S C C A E
K O V G L A X V R F
H N I O P Z Z X D X
```

09

```
W T P V P H R S E P
E C I A O P I Y L U
R U I U D E E R Z Z
T N S U E N H A Z A
T E R U T C I P U S
P A A T T I A Y P D
H A K I D L D H A C
K T S O F U I D N I
N B V T G D E F D L
E R A S E R I E K L
```

10
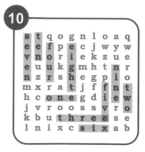
```
s t q o g n l o a q
e e f p e c j w y w
e n u o k g r i e k z u e
e u n z r s h e g p t n o
m x r a t j f n e t
h c o n e g d i e w o
j v r o o s s v r o
k b u t h r e e s e
l n i x c s i x a b
```

11
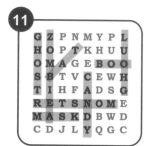
```
G Z P N M Y P L
H O P T K H U U
O M A G E B O O
S B T V C E W H
T I H F A D S G
R E T S N O M E
M A S K D B W D
C D J L Y Q G C
```

12
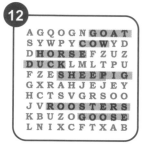
```
A G Q O G N G O A T
S Y W P Y C O W Y D
D H O R S E F Z U Z
D U C K L M L T P U
F Z E S H E E P I G
G X R A H J E J E Y
H C T S V G R S O O
J V R O O S T E R S
K B U Z O G O O S E
L N I X C F T X A B
```

13

```
A G Q O G N G N A A
S Y G R A P E M Y D
D R O A S E F W U F
D T C N L I M E P G
F Y E G L E M O N H
G Q R E H P E A R J
A P P L E G L S O K
J V R S C S O E R K
K B U Z D G N O S L
B A N A N A T X A V
```

14

```
D S A V Z T A C S S
F K B G O T N E O B
R A C M V R O V P W
T R A U Y U G Y M Q
H T O W U C A U O X
O E P T M X W I N E
R K E O C O C M U A
S S E E C A R F R D
E A H A A D R T I N
M B S R C S I T V U
```

15

```
S R A I N G R A P S
E H N A R T O I O N
V S U N O W E K L O
C G C W I N D F I W
O C L N Q M R R K O
L D O T Z L F O U T
D C U I W N E S J W
J V D N V H D T Y O
L O V E R B W F H E
H O T X N V S X T B
```

16
```
R S I V O B S L M A
H C A E B L S L N T
F A P E A L W E F E
F I F D Y L N H C F
H I N C O S T S E G
F A S W W F D A X E
S R E H L C C E Z N
P I C N I C O S U U
S W I M S U I T I I
H S W I P Z Z X R O
```

17

```
D R A G O N C M P
R Y S D R A P O E
M O N K E Y A H M
P R O S A B T O P
E A S S H I A R E
R B P N T E S S S
O B V I A E E E O
O I D O G K R P X
X T U S E Q E S S
```

18
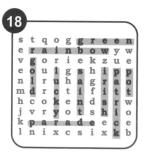
```
s t q o g g r e e n
e r a i n b o w y w
v g o r i e k z u e
e o u l g s h i p a
n l r u h a i r a t
h c o k e n d s h i
j v r y o t d s h i
j k p a r a d e e c e
l n i x c s i x k b
```

19
```
H W E M G L R Z N M
D C E R O T W Y O N
V R R A D B E O W O
E G A F E M H A S G
N E G Z H A R U S I
M D O T I L A M T O
H O D Q S L V O A W
K S O G O R F S N X
N O V S A D R F D A
M N I Z E S U X K Z
```

20
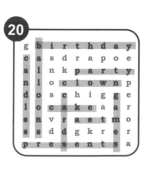
```
g b i r t h d a y
c a s d r a p o e
a l n k p a r t y
n l o c l o w n p
d o s c h i g e
l o c a k e a a
e n v r a e t m o
s d d g k r e r
p r e s e n t s a
```

21
```
A D P M D F O U R H
S R O K S E V E N G
D M I O M O Q Y F F
F P U P Y N W U D D
G T H R E E I G H T
H R T W O Y R K B U
J O Y W T S I X V Y
T E N I N E D L C T
X S R A B X F U X P
R D E F I V E T D R
```

22

```
S T Q V G G R E E N
E H E A R T O Y Y W
V U F L O W E R S E
E G U E G S H A P P
N C A N D Y G U A O
M D R T T C A R D T
H C K I S S D B R W
J V R N O T S E I O
L O V E A D E F T V
L N I X C S I X K B
```

23
```
P A P E R G H E B S
P S C H O O L W N D
O G O R I A P P L E
I S T U D E N T R X
D E S K L A F C R C
M D R E K I D R T V
B U S W J B O O K R
C H A L K T S H K Y
T P A T E A C H E R
R N I A P E N C I L
```

24
```
R S W V Z B R Q S S
D K E G Q T N X K B
F A X U V R O O A I
V T Y U Y U G P T C
B E U W U C A R E Y
N S J T M X W N B C
L R E T O O C S O L
E L C Y C I R T A E
N O V J A D E F R F
M N I O C S I X D X
```

25
```
H T E V G H R S N M
E C E G O T I Y E N
V U R U D D E R W B
E G S U E I H A S G
N E A W H Y R U S V
M D A T T C A B T D
H L K I S U D B A S
K S T O P S I G N X
N O V J A D E F D A
M N I Z C S I X K Z
```

125 遊戲，提升孩子專注力系列 ①

每天 10 分鐘，
陪孩子玩出 高階專注力，
學習更有效率

作　　　者	許正典、林希陶	
選　　　書	林小鈴	
主　　　編	陳雯琪	

行 銷 經 理	王維君	
業 務 經 理	羅越華	
總　編　輯	林小鈴	
發 行 人	何飛鵬	
出　　　版	新手父母出版	
	城邦文化事業股份有限公司	
	台北市南港區昆陽街 16 號 4 樓	
	電話：(02) 2500-7008　傳真：(02) 2502-7676	
	E-mail：bwp.service@cite.com.tw	
發　　　行	英屬蓋曼群島商家庭傳媒股份有限公司城邦分公司	
	台北市南港區昆陽街 16 號 5 樓	
	讀者服務專線：02-2500-7718；02-2500-7719	
	24 小時傳真服務：02-2500-1900；02-2500-1991	
	讀者服務信箱 E-mail：service@readingclub.com.tw	
	劃撥帳號：19863813	
	戶名：書虫股份有限公司	

香港發行所	城邦（香港）出版集團有限公司
	香港灣仔駱克道 193 號東超商業中心 1F
	電話：(852) 2508-6231　傳真：(852) 2578-9337
	E-mail：hkcite@biznetvigator.com
馬新發行所	城邦（馬新）出版集團 Cite(M) Sdn. Bhd. (458372 U)
	11, Jalan 30D/146, Desa Tasik,
	Sungai Besi, 57000 Kuala Lumpur, Malaysia.
	電話：(603) 90563833　傳真：(603) 90562833

封面設計 / 鍾如娟
版面設計、內頁排版 / 鍾如娟
製版印刷 / 卡樂彩色製版印刷有限公司

2010 年 02 月 23 日初版 1 刷| 2024 年 06 月 18 日 2 版 1 刷
Printed in Taiwan 定價 380 元

ISBN：978-626-7008-89-8（平裝）

國家圖書館出版品預行編目 (CIP) 資料

125 遊戲, 提升孩子專注力 / 林希陶, 許正典著.
-- 2 版 . -- 臺北市：新手父母出版，城邦文化事
業股份有限公司：英屬蓋曼群島商家庭傳媒股
份有限公司城邦分公司發行, 2024.06
　面；　公分 . -- (學習力)
ISBN 978-626-7008-89-8(第 1 冊：平裝). --
ISBN 978-626-7008-90-4(第 2 冊：平裝). --
ISBN 978-626-7008-91-1(第 3 冊：平裝). --
ISBN 978-626-7008-92-8(第 4 冊：平裝). --
ISBN 978-626-7008-93-5(第 5 冊：平裝). --
ISBN 978-626-7008-94-2(第 6 冊：平裝)

1.CST: 兒童遊戲 2.CST: 注意力

523.13　　　　　　　　　113006698

專注力筆記